| 도경일체(道經一體) |
| 경영세미나 |

德을 쌓는 경영

 (사)한국도덕과학연구협회

德을 쌓는 경영

— 도경일체(道經一體) 경영 세미나 —

발간사

시간의 흐름은 영원합니다. 시간은 해와 달과 함께 주야 없이 머물지 않고 변화하면서 한 없이 생성하고 발전해 갑니다.

이제 4차 산업혁명 시대가 다가왔습니다. 그러나 군비확산의 경쟁이 앞날에 그림자를 드리우고 있으며, 자원과 환경문제, 무역마찰과 같은 국제경제의 과제도 미해결이며, 특히 남북문제는 중요한 해결과제입니다. 이와 같이 우리 앞에는 해결해야 할 과제들이 쌓여 있습니다. 결코 풍족한 꿈에 취하여 하늘 높은 줄 모르면 안 됩니다. 번영의 이면에는 항상 붕괴의 불안이 숨어 있는 것입니다.

또한 한국을 약진하게 만들어 준 한국적인 경영도 새로운 변화의 조짐이 보이고 있습니다. 그 배경에 있는 인구의 고령화와 소자식화 같은 병리현상은 낙관할 수 없는 상태입니다. 또한 기술혁신의 가속화에 따른 지식과 기능 그리고 경험의 낡음, 젊은 세대를 중심으로 한 개인주의와 개성화로 가치관의 전환이 진행되고 있습니다.

한편 경제는 위기를 통해 발전하고 전진해 나아가며, 위기는 새로운 시작이기도 합니다. 여기에서 경영자를 비롯한 모든 경제인은 사명감에 대한 깊은 각성이 요구되고 있습니다. 경영인의 사명은 건전하고 좋은 기업을 만들어 영속해 가는 것입니다. 그렇게 되기 위해서는 한층 더 훌륭한 경영원리를 발견해 내지 않으면 안되겠습니다. 왜냐하면 사업이 영속해 가기 위해서 경영은 변화와 발전의 이치와 대의를 잘 알고 대응함으로써, 가능하기 때문입니다.

한국의 경영인들이 거친 바다를 넘어 미래의 길을 개척해 나아가기 위해서는 먼저 높은 "품성"을 기르는 것이 탁월한 경영인이 되는 근본입니다. 탁월한 경영인이란 진리를 사랑하고 현실을 통찰하고 탐구하는 사람이며, 또한 번영하며 영속하는 기업이란 "품성자본"을 토대로 생명력이 넘치는 기업밖에 없다고 합니다.

우리의 사업이나 직업은 하나의 도(道)이고 예술이며, 평생에 걸친 창조 활동입니다. 그것을 완성하고 영속해 가기 위해서는 무엇보다 "하늘은 스스로 돕는 자를 돕는다"라는 정신을 마음에 지니고 평생 노력해야 할 것입니다.

공자는 "죽고 사는 것은 명에 있고, 부귀는 하늘에 매어 있다." 그리고 어릴 때 배우는 것은 장년이 되어 필요한 것이고 장년에 배우는 것은 노년에 가서 늙지 않음이고 노년에 배우는 것은 곧 죽어도 끊이지 않음이라"라고 말했습니다.

기업경영은 눈 앞의 것에 일희일비하지 말고 도덕과 경영을 일체로 하는 원리를 확립하여 기업의 품성자본을 강화하고 조직의 적응력을 높이는 동시에 기업구성원의 행복을 실현시켜 나아가야 할 것입니다.

우리의 인생과 사업은 유한합니다. 그러나 도덕을 진실로 실행하면 인생과 사업은 무한한 생명력을 얻어 영속해 나아갈 수 있게 됩니다. 따라서 경영인은 품성을 닦고 실력을 쌓아 확고한 신념과 겸허한 마음으로 전진해 나아가는데 이 책이 조금이라도 도움이 되기를 바랍니다.

2017년 6월 1일

(사)한국도덕과학연구협회

이사장   유 정 선

머리말

이 책은 일본의 공익재단법인 모라로지연구소가 모라로지(Moralogy:도덕과학)이론으로 전개하고 있는 「도경일체(道經一體)경영 세미나에서 사용하는 교과서입니다. 「도경일체(道經一體)경영 세미나」는 공익재단법인 모라로지연구소 및 사단법인 일본도경회(日本道經會)가 중소기업의 경영인과 간부를 상대로 주최하는 세미나입니다.

「도경일체(道經一體)」란 도덕과 경제는 일체(道德 經濟 一體)한다. 라는 말을 줄인 말이며, 제1장에서는 도경일체 사상의 기본적 원리를 설명합니다. 제2장에서는 도경일체 사상을 바탕으로 영업·생산·재무의 기본을 설명합니다. 제3장에서는 모든 기업 활동의 모범이 되는 인재 만들기와 품성 만들기를 설명합니다. 제4장에서는 급성장이나 규모의 확대보다는 지속적인 발전과 영속성을 중시하는 입장에서 기업경영의 기본적인 관점을 제시합니다. 그리고 제5장에서는 세계경제의 글로벌화와 정보의 폭발적 증가, 또한 자식을 적게 낳는 소자식화와 고령화로 인하여 격변하는 지금의 일본에서 중소기업에 요구되고 있는 특별한 과제 몇 가지를 소개합니다.

모라로지(moralogy)란 「도덕(道德)」을 의미하는 모럴(moral)과 「학(學)」을 의미하는 로지(logy)를 합성하여 만들어진 학술용어로써, 이는 법학박사 히로이케 치쿠로(廣池千九郞 1866~1938)가 1926년에 새롭게 발표한 총합 인간학입니다. 이러한 총합 인간학의 연구와 보급을 위해 설립된 것이 공익재단법인 모라로지 연구소입니다. 모라로지가 취급하는 영역은 개인이나 가정에서 끝나지 않고 사회·국가·경제·국제사회 등 광범위하게 미치고 있습니다. 그 가운데서 도경일체(道經一體)라고 말할 수 있습니다. 또한, 모라로지에서도 경제와 경영에 관한 분야가 중심을 이루고 있으며 그 정신은 「도덕은 「보통도덕」과 「최고도덕」이라는 두 종류가 있다고 합니다. 「보통도덕」은 일반적으로 생각하는 도덕에 관한 것이며, 「최고도덕」은 성인(聖人)등이 실행한 아주 높은 수준의 도덕을 말합니다.

모라로지에서는 보통도덕의 실행을 권합니다만 동시에 진정으로 좋은 결과를 얻기 위해서는 최고도덕의 실행이 필요하다고 말하고 있습니다. 또한, 일본도경회(日本道經會)란 모라로지연구소가 주도해서 1999년에 설립한 기업 단위의 전국 조직이며 모라로지연구소의 자매단체입니다. 히로이케 치쿠로 박사가 제창한 도경일체(道經一體)사상을 회원들이 함께 배우고 실천하며, 또한 그것을 사회적으로 펼쳐나가려는 활동을 전개하고 있습니다.

이 책은 도경일체(道經一體)란 무엇인가를 알리고 나아가 중소기업이 도경일체의 경영을 실현하기 위해서는 어떻게 해야 되는가에 대해서 알려주고 있습니다. 세미나용 교과서이기에 전체적으로 기본적인 내용만을 다루고 있습니다.

2014년 4월 1일

공익재단법인 모라로지연구소
사단법인 일본도경회

덕(德)을 쌓는 경영
도경일체 경영
목 차

　　발간사　　　　　　　　　　　　　　　　　　　　　　5
　　머리말　　　　　　　　　　　　　　　　　　　　　　9

제1장 도경일체와 품성자본의 경영　　　　　　　　　14

　　1. 도경일체의 경영을 목표로 한다.　　　　　　　　17
　　2. 품성자본을 중시하는 경영　　　　　　　　　　　18
　　3. 품성자본이란 만드는 능력, 연결하는 능력, 계속 유지하는 능력　20
　　4. 기업의 목적은 인재 만들기　　　　　　　　　　　22
　　5. 영속 경영에는 경영이념이 있어야 한다.　　　　　23
　　6. 세 편이 다 좋다(三方好)와 일곱 편이 다 좋다(七方好)　25
　　7. 경영자의 사명과 역할은 품성을 쌓는 것이다.　　27

제2장 고객 만들기·물건 만들기와 부자가 되는 경영　31

　　1. 고객만족(CS)이 마케팅의 목표이다.　　　　　　33
　　2. 영업(sales)은 품성에 귀착한다.　　　　　　　　　36
　　3. 혁신(이노베이션 innovation)이야말로 물건 만들기의 사명　39
　　4. 품질을 중요시하는 경영　　　　　　　　　　　　40
　　5. 이익은 잘 구입하는데 있다 - 구입처　　　　　　43
　　6. 경쟁과 공생 - 동업자　　　　　　　　　　　　　45
　　7. 재무의 기본 - 수입을 헤아려 지출을 행한다.　　46
　　8. 납세와 감사·은혜를 갚는 보은의 경영　　　　　49
　　9. 돈 빌리는 것과 갚는 것의 보증을 경계한다.　　51
　　10. 부자가 되는 경영 - 진정한 부(富)란 무형의 덕(德)이다.　53

제3장 인재 만들기 경영 — 57

1. 기업의 번영은 인재 만들기 경영에 있다 — 59
2. 조직 속의 품성이 회사의 덕(德)을 만든다 — 61
3. 이어지는 힘 – 경영자가 사원의 부모가 된다. — 62
4. 부모에게 효도하는 사원을 만든다. — 64
5. 고객만족(CS)과 사원만족(ES)은 표리일체 — 66
6. 회사 내의 커뮤니케이션 – 오아시스와 호우렌소우 — 69
7. 5S실천으로 평범한 모든 일을 철저히 하는 경영 — 72

제4장 역사 만들기 경영 — 75

1. 만세불후(萬世不朽 : 영원히 없어지지 않는 것) 의 경영 — 77
2. 창업은 쉽고 지키기는 어렵다. — 79
3. 적선(積善)과 의무선행(義務先行)의 장수기업(長壽企業) — 82
4. 자조자립(自助自立)의 잭(jack :들어 올리는 기구) 경영 — 84
5. 유좌 그릇(물이 가득 차면 엎어지게 되는 그릇) — 87
6. 역경(逆境)에 감사하는 경영 — 89
7. 사업(事業)계승은 덕(德)의 계승 — 92

제5장 현대의 중소기업 — 95

1. 기업은 환경적응 '업'(環境適應 '業') — 97
2. 개성화 차별화를 목표로 하는 경영 — 100
3. 비즈니스 모델을 연마하는 경영 — 102
4. 투명성을 확보하는 경영 — 104
5. 특정 고객· 특정 구입처· 특정 상품에 과도하게 의존하지 않는다. — 106
6. 인사 ·노무관리는 기업의 도덕적 과제 — 109
7. 이제부터의 가족기업(패밀리 비즈니스) — 112

제1장

도경일체와 품성자본의 경영

"경제를 버리고 구원받은 혼은 인간사회에서는 쓸모 없다."
"품성을 제1자본으로 하고 돈을 제2자본으로 한다."

1. 도경일체의 경영을 목표로 한다.

인간의 생활은 정신생활과 물질생활 양면으로 형성되어 있습니다. 어떤 경우에도 반드시 양면이 있습니다. 국가에도 기업에도 가정에도 개인도 마찬가지입니다. 어느 쪽 만이라든지 어느 쪽이 다른 쪽보다 크다든지 하는 것은 있을 수 없습니다. 바로 종이 한 장의 앞면과 뒷면처럼 되어있습니다. 또한 정신생활의 법칙은 도덕이며, 물질생활의 법칙은 경제입니다. 종이의 앞뒤가 한 장인 것처럼 도덕과 경제도 한 몸입니다. 이것을 「도덕과 경제는 한 몸」이라고 말하며, 「도경일체」라고 줄여서 말 합니다. 즉 도덕과 경제는 한 몸이면서 양면을 갖는다는 의미를 가지고 있습니다. 「도경일체」는 자연계에 떠도는 하나의 법칙으로 간주하며, 시대, 국가, 사회상황, 경기의 좋고 나쁜 때 등에 관계가 없다고 합니다. 따라서 우리가 기업을 안정적으로 발전시키려고 생각한다면 이 법칙을 무시할 수 없습니다.

「한 몸이다」라는 말에는 다음과 같은 세 가지 의미가 있습니다.
첫째, 「도덕과 경제는 본래 한 몸 이었으며, 현실적으로도 한 몸이다」라는 의미입니다. 현재 많은 사람들은 도덕과 경제는 각기 다르다고 생각하며, 나아가 서로 반대되는 것이라고 생각하는 경향이 크게 있습니다. 이것이 상식이라고 말해도 좋을지 모르겠습니다. 그러나 상황을 깊고 날카롭게 오랜 기간 관찰해보면 실은 도덕과 경제는 한 몸인 것을 알 수 있습니다. 이를테면 장기적이고 안정적으로 발전하고 있는 기업은 반드시 그 배경에는 우수한 도덕성이 있습니다. 반대로 커지고 발전하고 있는 것 같아도 도덕적으로 문제가 있는 기업은 얼마 안 있어 반드시 무너지거나 쇠퇴합니다.

둘째, 「도덕과 경제는 한 몸이 되어야 한다」라는 의미입니다. 이것은 어느 한 쪽으로 크게 기울면 반드시 둘 다 무너지고 맙니다. 그래서 둘이 한 몸과 같이 운영하지 않으면 안 된다는 것입니다. 국가, 기업, 가정, 개인의 경제적 파탄은 대부분 도덕과 경제가 한 몸이라는 것을 무시하거나 경시하기 때문에 일어나는 것입니다.

셋째, 「도덕과 경제는 필연적으로 한 몸이 된다」라는 의미입니다. 도경일체란 자연법칙입니다. 예를 들어 현재 둘이 서로 떨어져있다 해도 언젠가는 한 몸이 됩니다. 그렇게 안 되면 존속 불능하게 되며, 그 조직이나 사람은 소멸한다는 것입니다.

도경일체의 경영은 모든 근본을 인간의 품성에 두는 경영입니다. 따라서 사람 만들기를 중요시하여 다음 장에서 설명하는 것처럼 「품성 자본」에 근거를 둔 경영을 합니다. 그리고 영속성(永續性)을 목표로 언제나 「세편이 다 좋다(三方好)」를 생각합니다.

2. 품성자본을 중시하는 경영

도덕과학이론(모라로지)의 창립자 히로이케 치쿠로 박사는 일본이 경제적으로 어려웠던 1932년에 회사 경영자들을 향하여 「품성을 제1자본으로 하고 돈을 제2자본으로 해야 한다」라고 말했습니다. 「품성 자본」이라는 말은 이때 시작된 말입니다. 또한 자본이라고 하면 돈, 물건, 정보 등을 말합니다. 그런데 도경일체의 경영에서는 이처럼 품성을 사업의 기본으로 하며 가장 중요한 자본으로 생각합니다.

품성이란 덕(德)이라고도 말하며, 도덕적인 마음 쓰임과 실행을 쌓아감에 따라 이루어지는 탁월한 도덕적 능력을 말합니다. 이 품성은 인격의 중심으로 지정의(知情意)를 비롯해 심신(心身) 활동을 통합하는 힘이 되는 것입니다. 회사는 경영자의 품성을 중심으로 하여 그 회사 모든 사원의 품성이 모인 것을 품성자본이라고 합니다. 돈, 물건, 정보 등의 자본은 경영을 하는 과정에서 여러 가지 모양으로 변합니다. 그러나 품성은 그 속에서 바뀌지 않고 일관되게 계속 존재하는 근원적인 자본이라고 말할 수 있습니다.

사업경영은 역경이나 시련 등 위기, 끊임없는 경영판단, 사업의 취사선택, 파괴와 창조를 통해서 발전해 가는 것입니다. 그러기 위해서 어떠한 사태에 직면하더라도 유연하게 대처할 수 있는 근원적인 「생명력」이 필요하며, 그것이 품성자본입니다.

품성자본은 불에도 타지 않으며, 물에도 떠내려가지 않으며, 남에게 도둑 당하지도 않으며, 또한 색도 모양도 없습니다. 그러나 이 품성자본이야말로 무에서 유를 만들어내는 힘, 모든 사물이 이루어지도록 하는 근본 힘이 됩니다. 틀림없이 「사업의 근본은 사람이며, 사람의 근본은 품성이다.」는 것입니다.

학력, 지력, 기술 또는 기능 등 기업가로서 지식이나 재능은 「첫째의 덕」이라고 말할 수 있습니다. 또한 타인으로부터 신용, 신뢰되는 인망(人望)이나 사회로부터 인정되는 덕망(德望)은 「둘째의 덕」이 됩니다. 영속과 발전을 목표로 하는 경영자에게는 이 두 개의 덕이 필요합니다.

3. 품성자본이란 「만드는 능력」「연결하는 능력」「계속 유지하는 능력」

품성자본은 기업이나 인간 속에 있으며, 눈에 보이지 않으며, 만질 수도 재어 볼 수도 없습니다. 그러나 여러 가지 경로를 거치면서 모든 기업 활동에서 나타납니다. 그리고 기업의 비상시에 극적으로 나타나는 수도 있습니다. 또한 일상적으로 도덕적인 양상을 띠고 나타나고 있습니다.

그 나타나는 방법은 3가지 모양이 있다고 생각할 수 있습니다. 첫째 「만드는 능력」이고, 둘째 「연결하는 능력」이며, 셋째는 「계속 유지하는 능력」입니다.

「만드는 능력」이란, 창조력과 혁신력(이노베이션 능력)입니다. 인간을 예로 들면 지적활동을 담당하는 「머리」에 해당합니다. 어느 기업도 늘 시장이나 고객을 개척해서 사회발전에 도움이 되도록 하는 중요한 사명이 있습니다. 이 개척하는 힘이 바로 「만드는 능력」입니다. 따라서 기업은 세 개의 능력 가운데 가장 중요시해야 하는 능력입니다. 특히 지금의 중소기업은 스스로 특징을 살려 독자성이 높은 기업이 되는 것이 요구되고 있습니다. 그러한 독자성이나 개성을 발휘하고 다른 기업과 차별화 시킬 수 있게 하는 원동력은 「만드는 능력」에 있습니다.

「연결하는 능력」이란 관계하는 능력, 특히 인간관계(커뮤니케이션)의 능력입니다. 인간은 감정적 요소가 강하게 활동하는 「가슴」입니다. 이 세상은 자연계나 인간계나 모두 서로 돕는 상부상조의 관계로 되어있습니다. 자기 또는 자기 회사만 있을 수는 없습니다. 그래서 다른 사람과 다른 회사와의 관계가 중요하게 됩니다. 자기만 이익을 얻으려는 관계는 있을 수 없습니다. 만약 있더라도 오래 지속되지는 못합니다. 기업은 사원, 고객, 거래처(구입처), 주주, 지역사회, 금융기관 등과 같은 여러 가지로 깊은 관계로 맺어져 있기 때문에 이들과 깊게 「연결하는 능력」이 요구되고 있는 것입니다.

「계속 유지하는 능력」이란 지속하는 능력이나 계속하는 능력을 말합니다. 인간을 보면 자기의 뜻을 나타내는 「배」에 해당한다고 말 할 수 있습니다. 「계속 유지하는 능력」에도 여러 가지 측면이 있습니다.

기업이 지속적인 발전을 이루려면 안정적인 자본의 능력인 재무력이 필요합니다. 이런 의미에서 보면 「계속 유지하는 능력」이란 안정적인 재무력이라 말할 수 있습니다. 또한 기업을 둘러싸고 있는 환경은 언제나 변화하고 있기 때문에 좋던 좋아하지 않던 간에 기업은 때로는 격류에 휩싸여 위기에 빠질 수도 있습니다. 이와 같은 경우, 「계속 유지하는 능력」이란 위기를 관리하는 능력이나 복원하는 능력이라고도 말할 수 있습니다. 나아가 기업이 영속하기 위해서는 다음 세대로 계승을 되풀이 할 필요가 있습니다. 이런 관점에서 보면 「계속 유지하는 능력」이란 차세대를 잇는 힘이 됩니다. 그런데, 기업 활동은 이 세 가지 능력 가운데 어떤 것 하나만 관계하고 있지 않습니다. 있다면 그건 보통 있을 수 있는 일이 아닙니다. 대부분의 경우, 품성자본은 이러한 세 가지의 능력이 복합된 형태이며, 기업 활동에서 나타나는 것입니다.

4. 기업의 목적은 「인재 키우기」

기업의 목적은 이익을 올려서 그것을 주주에게 환원하는 것이라고 하는 생각이 세상에 널리 퍼져 있습니다. 또한 세금을 내는 것과 고용을 유지 또는 확대하는 것이 목적이라는 생각도 있습니다. 사회공헌(SR)을 중시하는 생각도 있습니다. 그 가운데 영속하는 것 자체가 목적이라는 생각도 있습니다.

그러나 도경일체의 경영에서는 이러한 생각들을 취하지 않습니다. 물론 도경일체의 경영에서도 주주로의 이익환원이나, 납세, 고용, 사회공헌이 기업의 중요한 목적이라는 것이라고 생각하고 있습니다. 그러나 그것은 목적의 일부에 지나지 않는다고 생각합니다. 또한 영속도 중요하지만 영속하는 그 자체에는 높은 가치를 두지 않습니다. 영속의 과정이 중요하다고 생각합니다.

스테이크홀더(이해관계자=stakeholder)라는 이론이 있습니다. 스테이크홀더란 기업과 이해(利害)나 입장(立場)이 깊이 관계되는 사원, 고객, 구입처, 금융기관, 지역사회, 국가, 주주, 동업자 등등 입니다. 글로벌 경제하에서는 외국이나 외국기업도 포함됩니다. 나아가 환경문제가 심각한 지금은 지구도 스테이크홀더의 하나라고 생각할 수 있습니다. 도경일체의 경영에서 기업의 목적이란 이러한 스테이크홀더 전체에 대해서 조화적, 장기적이고 안정적으로 공헌 하는 것이라고 합니다.

스테이크홀더에 대한 공헌에는 여러 가지가 있습니다만, 도경일체의 경영에서는 궁극의 공헌을 「인재 키우기」라고 생각합니다. 그렇지만 여기에서 말하는 인재란 자기 회사의 사원에 한하지 않습니다. 스테이크홀더 전체를 그 대상으로 생각합니다. 단지 순서나 중요도에는 차이가 있으며, 자기 회사사원을 제1대상으로 합니다. 그 다음 구매처, 고객 등이 이어집니다.

5. 영속 경영에는 경영이념이 있어야 한다.

도경일체의 경영에는 경영이념을 중요시합니다. 경영이념이란 그 기업이 왜 존재하는가? 또한 경영을 어떤 목적으로 어떤 형태로 하는가를 나타낸 것입니다. 즉, 경영이념이란 기업으로서 아주 기본적인 자세나 생각과 방식, 혹은 가치관을 나타내는 것입니다.

따라서 경영이념이 없거나 또는 있더라도 그것을 사원들이 공유하고 있지 않으면 기업 활동은 제멋대로 됩니다. 제멋대로 된 기업

활동이야말로 쓸데없는 것입니다. 그러므로 경영이념을 전 사원이 공유하는 것은 매우 중요합니다. 경영 이념을 명문화할 뿐만이 아니라 누구나 언제든지 읽을 수 있도록 하며 나아가 전 사원의 의식과 행동에 침투시킬 필요가 있습니다. 그런데 전 사원이 경영 이념을 공유한다는 것만큼 어려운 일은 없습니다. 그래서 경영자는 전력을 다해야 합니다.

경영이념을 정하고 이를 추구해가는 것은 도경일체의 경영에서 아주 중요하며 또한 기본이 되기 때문에 경영이념에는 경영자의 열정을 담아야 합니다. 그리고 전 사원이 공유하고 오랜 기간에 걸쳐서 추구해 나아가야 하는 것이기 때문에 고상하고 보편적인 것이 되지 않으면 안 됩니다. 그래서 경영이념에는 경영자의 품성이 강하게 나타납니다.

다시 말하면, 아주 소수의 사원만 있는 경우, 또는 사원이란 사실상 자기 한 사람인 경우에도 경영이념은 있어야 합니다. 오히려 다수의 사원이 있는 경우 이상으로 경영이념이 중요하다고 하겠습니다. 왜냐하면 사원수가 적으면 적을수록 경영자는 경영이념을 형편에 따라 쉽게 변경할 수 있기 때문입니다. 그러나 경영이념을 가볍게 자주 바꾸어서는 그 의미가 없어집니다. 경영자 자신을 다스리는 의미에서도 경영이념은 아주 중요합니다.

도경일체의 경영에서는 그 자체가 목적이 아니지만 기업의 영속성을 중시합니다. 영속적으로 계승해야 되는 것 가운데 더욱 더 중시되는 것은 경영이념입니다. 창업자를 중심으로 해서 대대로 경영자의 뜨거운 마음이 경영이념 속에 들어있는 것입니다. 그것을 충실히 이어가는 것이야말로 기업의 영속성을 실현하는 것입니다.

다시 말하면, 경영이념은 내용 그 자체보다 대대로 계속 이어가게 하며 그것을 실행하도록 하는 것이 중요하다고 할 수 있습니다. 또한 아주 훌륭한 경영이념이라도 그림의 떡처럼 되어서는 의미가 없습니다. 경영이념은 실행함으로써 비로소 효과가 나오는 것입니다.

6. 「세 편이 다 좋다(三方好)」는 「일곱 편이 다 좋다(七方好)」

「3편이 다 좋다(三方好)」란 「자기가 좋고, 상대방이 좋으며, 사회도 좋다」라는 오우미상인(近江商人)의 행동원리로 세상에 알려져 있습니다. 처음 이 말을 쓰기 시작한 것은 히로이케 치쿠로 박사와 그 제자 중 경영자들입니다. 히로이케 치쿠로 박사는 다음과 같이 말합니다.

"3편이 다 좋다(三方好)」란 단지 자기, 상대, 제삼자 사이에서 전체의 매상과 이익, 또는 부담 등을 나누어 가져서 좋다는 것이 아니라, 그것에 관련된 모든 사람들이 화목을 이루고 이익을 얻기에 좋다는 것입니다."

〈번역자의 설명〉 오우미상인(近江商人)은 오우슈상인, 고상인이라고도 부르는데 지금의 일본 중간 지점에 있는 일본의 제일 큰 호수인 비파호를 끼고 있는 시가캔(滋賀縣) 출신의 상인들을 말합니다.

일본은 예로부터 3대 상인이 있습니다. 이 오우미상인을 포함해 오사카상인(지금의 오사카를 중심으로 한 지역 출신 상인들)과 시가켄 옆인 미애켄(三重縣 중심 출신 상인) 이렇게 3상인을 말합니다. 오우미상인의 대표는 다카시마야 백화점, 세부그룹, 마루베니 이토추상사, 스미토모재벌, 도요타자동차, 동양방적, 다케다 약품, 일본생명보험 등을 들 수 있다. 인간은 혼자서는 살아갈 수 없습니다. 인간이란 사회성을 가지고 이런 저런 집단에 속해 있으면서 상호의존(相互依存)하고 상호부조(相互扶助)하는 관계 속에서 지탱해 주고 있기에 비로소 살아갈 수 있는 것입니다.

이와 같이 기업도 자기만 사업 활동을 할 수 있는 것이 아니며, 넓은 관계 속에서 활동하고 있는 것입니다. 관계를 구성하는 요소는 스테이크홀더(stak eholder)입니다. 즉, 앞에서 설명한 것처럼 사원, 고객, 구입처, 금융기관, 지역사회, 국가, 주주, 동업자 등등입니다. 이런 의미에서 보면 「3편이 다 좋다(三方好)」란 3편만의 관계에 한정된 것은 아닙니다.

히로이케 치쿠로 박사는 다음과 같이 「7편이 다 좋다(七方好)」라는 경영법도 말하고 있습니다.

"완전한 경제학 및 경제조직은, 반드시 ①자기, ②사용자, ③원료 또는 상품의 구입처, ④판매처, ⑤상품을 구하려는 모든 사람, ⑥일반 사회(상품을 구하려는 사람들이 즐거워해도 일반사회에 해를 줄 수도 있어 구하는 사람의 이익과 일반사회의 이익이 일치하지 않을 수도 있음) 및 ⑦ 이상의 전부를 통제하는 국가에 대해서, 각 편이 각각의 이익을 얻는 것 같이 조직이 되어 있지 않으면 안 되는 것입니다."

「3편이 다 좋다(三方好)」를 무시하고 자기 회사의 이익만을 위한 생각으로 사업을 하여 일시적으로 성공이나 혹은 대성공할 수 있을지 모르겠습니다. 그러나 그러한 경영은 결코 오래 계속되지 못합니다. 기업의 영속성과 지속적 발전을 염두에 둔다면 스테이크홀더 전체를 배려하는 경영을 하지 않을 수 없습니다. 또한 이와 같은 경영법은 필연적으로 일어날 급성장이나 급격한 확대를 경계하고 있다는 것을 알아야 합니다.

도경일체 경영은 스테이크홀더 모든 분들이 서로 「은인(恩人)」이라고 생각하며 서로 의무와 책임을 다하지 않으면 안 된다고 생각합니다. 이것이 「감사·보은(報恩)의 경영」입니다. 따라서 경영이념에도 이 점이 반영되어 있도록 해야 합니다.

7. 경영자의 사명과 역할은 품성을 만드는 것이다

조직의 정신은 경영자로부터 태어나며, 조직은 경영자의 그릇 크기 이상으로는 결코 발전하는 것이 아니라고 말합니다. 또한 「회사의 99%는 사장이 결정한다」라는 말도 있습니다. 이와 같이 회사가 경영자에 의해 결정되기에 경영자의 품성이야말로 아주 민감하게 묻게 됩니다. 그래서 경영자는 스스로 품성을 높이는데 최선을 다해야 합니다. 그것이 경영자에게 있어서 매우 중요한 사명과 역할입니다.

히로이케 치쿠로 박사는 부도덕한 거래처 때문에 고민하고 있는 어떤 경영자에게 다음과 같이 말했습니다.

"꽃은 자신이 결코 나비나 벌을 부르지 않아도 나비와 벌은 자연히 다가옵니다. 당신 회사에 파리가 모여들었습니다. 썩은 냄새에 파리가 모여드는 것과 같습니다. 당신 정신이 썩어있어서 그 더러운 냄새에 파리가 모여드는 것처럼 나쁜 구입처밖에 거래할 수 없는 것입니다. 따라서 부르지 않아도 나비나 벌이 모여드는 것 같은 품성을 만들지 않으면 안 됩니다."

다음은 판매대금을 받을 수 없다는 사람과의 상담에서 다음과 같이 말하고 있습니다.

"당신이 물건을 팔고도 판매대금을 받지 못하는 사람이 있다는 것은 상대가 나쁘다고 하겠지만 그런 사람과 교제해서 사업을 경영하지 않으면 안 되는 당신도 같은 운명의 동지로 서로 한패가 되어있는 것입니다. 그것은 방법만 연구해서는 안 됩니다. 근본적으로 자기 운명을 개선해가도록 노력하는 것이 먼저 해결해야 될 문제입니다."

그리고 경영자의 사명과 역할에 대해서 다음과 같이 말하고 있습니다.

"사업 경영의 안목은 우선 최고의 품성을 쌓고, 다음은 신(神)이 말하는 것 같은 자비심을 가지고 고용인, 구입처 및 단골손님이라는

3방면의 사람들의 입장을 바꾸어 생각해 주며, 이를 최고 도덕적으로 개발하거나 또는 구제하는 마음으로 노력하는데 있습니다. 단지 사업 발전만을 생각하는 것은 일의 처음과 끝을 잃게 됩니다. 특히 고용인의 앞길을 생각하지 않고 단지 물질과 오락을 이용하여 이기적으로 부리는 것은 아주 비열한 행위가 됩니다. 진정한 자비의 마음으로 고용인의 앞길을 생각하고 최고의 품성을 완성시킴에 다다르면 내부 사람들은 먼저 일심동체가 되어 어떠한 큰 사업도 성취시키며 어떠한 곤란에도 이겨나갈 수 있는 것입니다."

경영자의 품성을 만든다는 것은 앞의 설명처럼 나비나 벌이 자연히 모여들 듯이 「자비·지성·원만·공평한 인격」을 만드는 것 밖에는 없습니다. 경영자의 품성이 높아짐에 따라 고객이나 거래처뿐만 아니라 사원들로부터도 서서히 신뢰를 받게 되고 존경받게 됩니다. 그리고 굳이 찾지 않아도 자연히 훌륭한 인재들이 모여들어 명예, 이익, 재산, 높은 사회적 지위 등이 결과로서 얻게 되는 것입니다. 도경일체의 경영을 지향하는 경영자는 스스로 품성이라는 씨를 뿌리고, 기르며 결국은 좋은 운명을 얻을 수 있는 인생을 누릴 수 있는 것입니다.

제2장

고객 만들기 · 물건 만들기와 부자가 되는 경영

"생산 과잉의 경우에도 좋은 물건 만은 반드시 팔려나가게 되며,
이익을 목표로 하지 않아도 부(富)를 이루는 기술을 행한다."

1. 고객만족(CS)이 마케팅의 목표

「덕이란 남의 마음에 기쁨을 줄 수 있는 것을 말합니다.」 이것은 히로이케 치쿠로 박사의 고객관이라고 말할 수 있습니다. 「고객이 진심으로 기뻐하도록 하는 것」은 덕을 쌓는 것이며, 사업경영을 통한 도덕실천의 취지라고 말할 수 있겠습니다.

기업은 고객과의 관계를 통해서 사회나 국가에 공헌하는 것이 본래의 역할이며, 피터 드러커(Peter Ferdinand Drucker 1909~2005)는 「사업의 진정한 목적은 고객을 창조하는 것」이라고 말했습니다. 왜냐하면 고객을 개척하고 획득하고 유지하는 「고객 창조」 즉 「고객 만들기」는 경영의 기본이며 기업의 존재를 지탱해주기 때문입니다.

고객 창조와 관계 만들기를 위해서 어떤 회사도 자기 회사의 상품·서비스에 대해서 광고·PR부터 주문 받기, 판매, 유지, 애프터케어 등까지 일관된 영업활동을 전개하고 있습니다. 최근에는 이와 같은 영업활동 전체를 가리켜서 마케팅이라 부르고 있습니다.

영업활동은 대상에 따라 「공격」과 「방어」로 크게 나눕니다. 공격영업은 새 고객을 개척하는 것이며, 방어 영업은 기존 고객을 지키면서 확대하는 것입니다. 어떤 고객이 언제까지 「단골」로 계속 있는 것은 아니므로 새로운 고객을 개척하는 것을 게을리하면 회사는 오래가지 못합니다. 그러나 새로운 고객을 개척하는데 드는 비용은 기존고객 유지의 몇 배가 된다고 말하고 있습니다. 그렇기 때문에 경영자원이 부족한 중소기업의 이익을 중시하는 입장에서 보면 기존고객 유지에도 충분히 노력을 다하지 않으면 안 됩니다.

기존 고객을 유지하고 조금이라도 확대하기 위해서는 「고객 만족(CS : Customer Satisfaction)」이 필수입니다. 그러기 위해서는 고객 한 사람 한 사람과 대화와 커뮤니케이션을 통해 니즈(needs)나 원츠(wants)를 알아내고 그것에 맞는 상품이나 서비스 제공이 요구되는 것입니다. 그때 고객 입장에서 자기회사의 상품이나 서비스가 어떤 가치가 있는지 깊이 생각하는 것이 중요합니다.

고객이 바라는 것은 상품 자체 보다 그 상품이 주는 「더 많은 편익(benefit)」에 있으며, 그 편익에 의해 얻어지는 안심·만족·즐거움입니다. 고객은 「자기에게 도움이 되는 무언가」, 「자기 문제를 해결하는 것」에 가치를 느끼며, 만족의 대가, 즐거움의 대가, 안심의 대가로서 그 대가를 지불하는 것입니다. 고객이 안심·만족·즐거움을 얻는 데는 영업하는 측의 정보제공도 필요합니다.

「상업」은 영어로 커머스(commerce)라고 합니다. 커머스의 본래 의미는 「사람과 사람의 교제」를 말합니다. 그래서 마케팅의 사명은 대면하는 인적교류나 인터넷도 정보 네트워크에 의해 사람의 교제 범위와 화목을 넓히고 시장에 「마음의 연결」을 형성하고 발전시키는 것에 있습니다. 그러기 위해서는 자기 회사의 상품·서비스의 가치를 잘 전할 「프레젠테이션(presentation)」 능력이 있어야 합니다. 나아가 고객의 가치관이나 니즈(needs)의 변화를 잘 보고 잠재적 니즈나 원츠(wants)를 알아내어 문제해결의 방법이나 새로운 가치를 제안하는 「컨설테이션(consultation)」 능력이 있어야 합니다. 히로이케 치쿠로 박사는 판매에 있어서 고객에게 충분히 설명할 것에 대한 중요성을 호소하고 있습니다. 또한 프레젠테이션 능력과 컨설테이션 능력이란 설명의 능력이라고 말할 수 있습니다.

또한 고객은 언제나 현명한 「신(神)」은 아니므로 고민이나 망설임을 가지고 있습니다. 따라서 고객에게 도움이 되는 모든 정보를 알기 쉽게 제공하면서 고객을 육성해갈 수도 있습니다. 「고객육성」은 고객으로 하여금 만족하게 하면서 고객의 관심 단계를 자기회사를 신봉하는 사람이 되기까지 높여가도록 육성하는 것입니다. 또한 사회 전체의 이익이나 행복을 실현한다는 관점에서 고객의 도덕성을 높이도록 노력하지 않으면 안 됩니다. 왜냐하면 고객의 기대나 요구수준은 끝이 없어서 고객만족의 추구만으로는 탐욕으로 선동하거나 고객의 도덕적 저하를 가져오는 것으로 끝나기 쉽기 때문입니다.

따라서 히로이케 치쿠로 박사는 고객의 도덕성 향상에 도움이 되는 것을 중시하여 「사업의 세 방면을 도덕화 한다」라는 주제로 다음과 같이 설명하고 있습니다.

구입처 - 양질의 상품을 공급 받는다. 대가유예를 받는다. 이쪽의 도덕심을 철저하게 한다.
고용인 - 고용인의 도덕성을 높일 수 없다면 무엇을 할 수 있을까? 현재 기업이 번영하고 있더라도 도덕성을 높이지 않으면 수년 내지 수십 년 후에는 망하게 된다.

단골손님 - 상인이 좋은 물건을 싸게 팔고 잘 설명하는 것은 상품을 만드는 생산자와 사회의 이익이 되게 합니다. 고객에게 파는 마음 보다 고객을 돕는 마음을 가져야 한다.

2. 영업(sales)은 품성에 귀착한다.

마케팅의 근간을 이루는 것은 두말할 필요도 없이 영업(sales)입니다. 고도 정보화시대라고 해도 거래의 성공여부를 최종적으로 결정하는 요인은 영업하는 사람의 인간성에 달려있습니다.

영업의 결정타는 고생을 마다하지 않으며, 정성을 다해 시간을 들이고, 세세한 부분에도 주의하며, 여유를 가지고, 철저하게 고객의 입장에서 노력하는데 있습니다. 즉, 「물품을 팔기 전에 자기 자신의 됨됨이를 파는 것」이라고 하는 열의와 진심이라고 할 수 있습니다.

히로이케 치쿠로 박사는 「종래 광고나 정책은, 아첨식 칭찬으로 사거나 파는 것이었지만 최고도덕은 자기의 최고 품성으로 사고파는 것을 권장합니다.」라고 말하며, 매매의 근간을 인간의 품성에 귀착시키고 있습니다.

「당신의 회사라면」「당신이 만든 상품이라면」라고 고객에게 「~라면」이라고 말할 수 있는 높은 품성을 갖추어야 합니다. 그리고 지나친 경품, 접대나 오락정책, 또는 과대한 광고에 따른 빠른 판매 확대는 피하며, 무리하지 말고, 초조해 하지 말고, 견실하게 한 집 한 집 한 사람 한 사람의 손님을 진심으로 중요하게 모셔야 합니다.

또한 「가격결정」은 판매를 좌우하는 중요한 시책입니다. 뿐만 아니라 「가격결정이 곧 경영입니다」라고 말할 수 있습니다. 일반적으로 상품은 시장가격이 가격결정에 참고를 합니다. 그런데 이익의 폭을 적게 하고 다량을 팔 것인가, 이익의 폭을 크게 하고 소량을 팔 것인가를 생각하면서 끝없이 선택을 하게 됩니다.

요즈음은 세계적으로 보더라도 가격파괴의 시대이며, 저가격화와 코스트 삭감에 대한 압력은 점점 높아가고 있습니다. 그 때문에 능력이 부족한데도 무리하거나, 능력이 남아도는 데도 그대로 두거나, 이 두 가지 상태를 고치지 않고 그대로 하는 경우 등 3무(무리·무다(효과나 효력이 없음)·무라(한결 같지 않음)가 일어나지 않도록 하는 등, 철저한 코스트 삭감 노력이 필요한 것은 두 말할 필요도 없습니다.

그러나 도경일체의 경영은 쓸데없이 저가격으로 승부를 하거나 박리다매를 하지 않습니다.

히로이케 치쿠로 박사는 동경의 어느 제과업 경영자에게 다음과 같은 지도를 했습니다.

"물건을 만들거나 팔 때도 명품이 될 수 있도록 좋은 물건을 만드시오. 최고급품이 아니라 대중 상대의 중급 이상으로 상급을 만드시오. 거기에 박리다매는 좋지 않습니다. 고생만하고 보람이 없기 때문입니다. 싸게 팔아서는 안 됩니다. 이윤이 많은 물건을 적게 팔도록 (후리소매 厚利小賣)합니다. 그리고 '설명하는 것'이 중요합니다.

설명은 신문이나 라디오, 인쇄물이 아니고 입에서 입으로 전해지도록 하는 것입니다. 왜냐하면 이쪽이 도덕적이고 도덕을 실행하고 있는 품성이 훌륭한 사람이라면 상대방으로 하여금 반드시 무언가를 느끼도록 해주기 때문입니다.
- 좋은 물건을 만들 것,
- 박리다매가 아니고 후리소매할 것,
- 설명을 할 것
이 3가지를 실행한다면 3년 안으로 운명이 열립니다."

여기에서 말하는 「품성이 훌륭한 사람이 설명을 할 것」이란 판매라는 행위를 통해 고객의 「신용」을 구축해가는 것을 가리킵니다. 신용은 QCD(품질·코스트·납기)를 엄수하는 것만으로는 얻을 수 없는 것입니다. 반드시 사람이 개입되어야 하는 것입니다.

만일 고객으로부터 불평이 있을 때에는 회사 전체가 깊이 반성하고 불평을 감사하게 받아드리며, 신속 확실하게 성의를 가지고 대응하지 않으면 안 됩니다. 고객에게 있어서 불평을 말한다는 것은 굉장한 에너지를 소모하기 때문에 불평을 말씀하시는 사람이야말로 진정으로 자기 회사를 생각해주는 고객으로서 중요하게 모셔야만 합니다. 고객의 불평은 현상을 개선하는 자료만 되는 것이 아닙니다. 거기에는 새로운 상품을 개발하기 위한 귀중한 힌트가 들어있습니다. 불평을 「보물」이라고 생각해서 일의 크고 작음에 상관없이 하나하나에 진지하게 대처해 해결해갈 것, 거기로부터 비로소 신용과 신뢰가 쌓여가는 것입니다.

3. 혁신(이노베이션 innovation)이야말로 물건 만들기의 사명

모든 물건에는 「덕(德)」이 있습니다. 물건 만들기, 즉 생산이란 물건 속에 포함되어있는 잠재적인 「덕(德)」과 인간 자신의 덕을 결합시켜 새로운 의미나 가치를 창조하는 운영을 말합니다. 여기에는 품성자본의 3요소의 하나인 「만드는 능력」이 요구되는 것은 말할 필요도 없습니다. 새로운 의미나 가치를 창조하는 것은 예술이라고도 말합니다. 또한 물건 만들기가 예술과 다른 것은 발상의 원점이 인간의 니즈(needs)에 있다는 점입니다. 인간의 모든 니즈를 채우기 위해 대자연의 만물과 인류가 지금까지 생산해 온 물건·기술과 결합해서 사회의 지속적 발전을 지탱하는 창조와 혁신(Innovation)을 이루는 것이야말로 기업의 생산활동의 근본적인 사명입니다. 히로이케 치쿠로 박사는 「천연(天然)과 인위(人爲)를 조화시켜 함께 이용한다.」라고 말하고 있습니다.

이노베이션의 아버지라고 부르는 경제학자 쉼프터(J.A.Schumpter 1883~1950)는 기업가 정신을 「변화와 모험, 곤란을 즐기며, 새로운 결합을 수행하는 행위」로 생각하여 「창조적 파괴」를 주장했습니다. 그리고 이 창조적 파괴는 ①새로운 생산물(제품) ②새로운 생산방법(기술) ③새로운 자원과 재료(원료) ④새로운 시장 ⑤새로운 조직을 개발하고 도입함에 의해 태어나며, 그 원천은 기존의 사물을 새롭게 조합해가는 「새로운 결합」에 있다고 설명하고 있습니다. 현대와 같은 성숙한 사회에서는 이노베이션은 불가결하며 특히 물건을 만드는 기업은 「만드는 능력」으로써, 기업가 정신이 발휘되어야 합니다.

히로이케 치쿠로 박사는 이와 같은 기업가 정신은 하루 아침에 만들어지는 것이 아님을 다음과 같이 설명하고 있습니다.

"무릇 하나의 사업을 성공하려면, 단지 다른 사람이 가르쳐주는 방법을 받아들이는 것에 만족하지 않는 것입니다. 신(神)을 감동시킬 만큼의 지성과 영구불변의 인내력을 쌓을 때 비로소 묘경(妙境)에 도달하게 되는 것입니다. 모든 일에 있어서 약간의 고생, 노동력, 비용 등으로 간단하게 공장의 성쇠를 결정하는 것 같이 큰 사업이 성공하리라는 등의 생각은 처음부터 커다란 오류가 아닌가."

경영자는 어떠한 곤란한 상황에 직면해도 스스로 생각한 목표를 반드시 실현한다는 각오와 신념을 가지고 계속해서 이노베이션의 기회를 발견하지 않으면 안 됩니다. 그리고 필요한 경우에는 일부러라도 위험에 도전하며 어떠한 곤경도 이겨나가는 정신을 가지고 목표를 실현하도록 노력해야 합니다. 이렇게 함으로서 역경을 넘어 최종적으로 성공할 수 있는 것입니다.

4. 품질을 중요시하는 경영

물건 만들기에 있어서, 더욱 더 기본이 되는 3요소는 QCD, 즉, 퀄리티(품질 quality), 코스트(비용 cost), 디리버리(납기 delivery)입니다만, 도경일체 경영은 특히 품질을 중요시 합니다. 품질이 안정되지 못하고 불량품이 많아지면 고스트 삭감이나 납기 단축은 의미를 가지지 못합니다. 그렇다고 해서 고품질을 추구한 나머지 코스트나 시간을 지나치게 사용해서는 과잉품질이나 납기가 늦어지게 되어 고객의 요구를 만족시킬 수 없습니다.

그래서 QCD 3요소의 조화를 잘 이루어가지 않으면 안 됩니다. 이 3요소의 조화란 바로 「3편이 다 좋다(三方好)」이며 그렇기 위해서는 물건을 만드는 사람의 높은 품성이 요구되는 것입니다.

히로이케 치쿠로 박사는 「자연적인 물건에도 인위적인 물건에도 더해진 힘(에너지)의 많고 적음이 그 물건의 좋고 나쁨을 구별하는 표준이 되어 있다」라고 말하고 있습니다. 그래서 물건의 품질에 대해서는 그 만드는 과정인 「인간의 노력과 그 결과는 비례」하며, 따라서 「모든 탁월한 물건은 엄청나게 인간의 노력을 거듭한 결과」라고 말하고 있습니다. 바로 「질을 존중하고 양을 다음으로 하며 고생을 쌓아나가야 대성」한다는 것이 도경일체의 물건 만들기의 행동 원리가 되는 것입니다.

또한, 히로이케 치쿠로 박사는 다음과 같은 교훈을 남기고 있습니다.

"현재 사람들은 단지 자기 물건을 파는 것에만 몰두하고 자산을 최고의 품성으로 만드는 것을 게을리 하며, 또한 자기 물건을 파는 방법만 계획하고 그 물건이 반드시 팔릴 수 있도록 만드는 것은 모릅니다. 공자도 '팔기보다는 만들어라'라는 의미의 말을 『논어』에서 언급하고 있습니다. 그것은 물건이 과잉 생산되었다 하더라도 좋은 물건은 반드시 팔려나간다는 것입니다"

히로이케 치쿠로박사는 ①우선 높은 품성을 쌓고, ②그 품성에 의해 품질 좋은 물건을 만들며, ③높은 품성의 사람이 만든 좋은 물건을 고객과 직접 대면해서 충분히 설명한다. 이러한 순서를 중요시 합니다. 그래서 이것이 된다면 이를테면 생산과잉·공급과잉이 되어도 「팔린다」고 단언하고 있습니다.

또한 「물건의 끝손질이라는 말은, 생산자라면, 사들인 원료에 자기의 혼 또는 생명을 집어넣는 것입니다. 상업가라면 농가나 생산자에게서 사온 상품을 잘 손질하여 혼 또는 생명을 집어넣습니다. 종래의 생산자나 사업가는 물건에 혼과 생명을 집어넣는 중요한 것을 알지 못했습니다.」라고 말하고 있습니다.

히로이케 치쿠로 박사는 말하기를, 「좋은 물건」이란 단지 손님이 좋다고 느끼는 상품·제품을 말하는 것이 아니라 만든 사람의 혼이 들어있는 물건이며, 그 품성이 옮겨 들어있는 물건을 말합니다.
특히, 현대에 있어서 물건 만드는데는, 제조물 책임(PL)을 다하는 것은 물론이며, 환경 배려까지 요구되고 있습니다. 설계에서 판매, 소비 이후 회수·폐기에 이르기까지 리듀스(Reduce 폐기물의 감소), 리사이클(Recycle 폐기물의 순환), 류스(Reuse 오랫동안 반복 사용하게 함)라는 「3R」을 고려한 물건 만들기가 요구되고 있습니다.
그러기 위해서는 환경 부하(負荷)를 최소화시키는 기술개발이 요구됩니다. 이와 같이 물건 만들기는 만드는 사람 개인의 생각만으로는 실현할 수 없습니다. 현장을 비롯해 회사가 한 몸이 되는 조직적인 짜임이 필요합니다. 이렇게 되면 전원이 문제점을 발견하고 해결법을 모색하며, 일의 질을 개선하는 「공동학습」이라는 방법이 있어야 합니다. 경우에 따라서는 고객과의 「협동작업」도 필요하게 됩니다. 이렇게 거듭하는 속에 TQC(Total Quality Control 총합적 품질관리)나 TQM(Total Quality Management 총합적 품질경영)이 실현되고 물건 만들기의 3요소인 QCD(Quality품질 Cost비용 Delivery납기)의 조화를 도모할 수 있는 것입니다.

5. 이익은 「잘 구입하는데」 있다 - 구입처

고객이나 사원에 대한 배려를 중요시하지 않는 사람은 없습니다. 또한 스테이크홀더 중에서 뒷전으로 돌리거나 가볍게 여기기 쉬운 것이 「구입처」나 「협력업체」입니다. 예로부터 「이익은 잘 구입하는데 있다」고 말해왔습니다.

마쓰시다 코노스케(松下幸之助 1894~1989)는 「이익은 능숙한 구입처에서 생긴다」라고 하며, 「서로 물건을 사고 파는 사람끼리 좋은 물품을 안정적으로 공급해 주는 구입처를 구해야 하며, 그 구입처를 단골처럼 소중하게 생각하는 것이 매우 중요하다」라고 말하고 있습니다.

최근에는 경쟁이 심한 나머지 납품업체로부터 저렴하게 사들이려는 큰 구매처가 우월적인 지위를 남용하는 것이 사회문제가 되고 있습니다. 자기 회사의 이익을 위해서 구입처나 협력업체에게 쓴맛을 보게 하는 것은 「이익은 잘 구입하는데 있다」라는 것과 반대의 행위이며, 이렇게 하면 신뢰관계나 협력관계는 말할 것도 없으며, 계속적인 거래관계도 이루어지지 않습니다.

자기 회사가 구입하는 입장인 경우에는 「깎아 내리지 말고, 깎지 말고, 고르지 말고」를 원칙으로 언제나 구입처의 입장도 고려해서 「팔 때도 살 때도 다투지 말고 타인을 존중하는」 정신으로 대하여야 합니다. 욕심으로 접촉하면 상대방도 반드시 욕심으로 대하게 됩니다. 그렇지만 구입처를 고객처럼 소중하게 생각하면 자연히 신뢰관계가 생깁니다. 그리고 일단 무슨 일이 일어난 경우에, 구입처나 협력자가 「당신의 회사를 위해서라면」 열심히 지혜를 모아 함께 땀 흘려주는 관계가 만들어지는 것입니다.

히로이케 치쿠로 박사는 「파는 것이 제일 쉬우며 구입하는 것과 마지막 처리가 제일 어려운 것입니다. 좋은 물품을 구입하게 되고 마지막 공정이 잘 처리된다면 파는 것은 쉽습니다. 그럼에도 불구하고 종래 생산자와 사업가는 단지 파는 것만 고심해 왔기 때문에 부를 이루지 못했으며, 부를 이룬다 해도 얼마 안되어 몰락했습니다.」라고 말해서, 판매보다 구입이 중요하다는 것을 설명하고 있습니다.

또한 「생산자가 재료 혹은 판매자가 상품을 구입할 때도 도덕적인 사람으로부터 확실하고 비교적 저렴한 좋은 상품을 살 수 있도록 하는 것이 아주 중요합니다. 만약 도덕적인 구입처와 결합할 수 있다면 그 물품을 파는 것은 쉽겠지요.」라고 말하며, 도덕적인 구입처와 거래해야 함을 말하고 있습니다. 도덕적인 구입처와 거래하기 위해서는 자기 회사가 도덕적이어야 합니다. 아주 어려운 경제 환경에서도 함께 번영하며 함께 계속해 갈 수 있는 공존공영의 파트너쉽을 쌓아가야 하는 것입니다.

6. 경쟁과 공생 – 동업자

기업 사이에 경쟁이 심한 오늘날, 같은 업종의 회사는 물론 다른 업종의 기업과 경쟁도 심해지고 있습니다. 이 경쟁은 시장에서 행해지기 때문에「시장 경쟁」이라고 합니다. 또한 시장의 글로벌화가 진전함에 따라 국제적인 시장경쟁도 심해지고 있습니다.

한편, 지구라는 한정된 장소에서 각 기업이 공존공영의 네트워크를 구축해서 각각 살아남을 것을 시도하며, 계속적인 발전을 향하여「공생(共生)」이라는 사고방식도 필요해지고 있습니다.

경쟁은 라틴어로 콤페테레(competere)라고 합니다.「콤(com)」이란「함께」,「페테레」는「겨루다」의 의미로, 사회공통의 이상을 구하려고 서로 겨루는 것입니다. 또한 공생(共生)이란 사회의 사람들이 안심과 행복을 얻어 함께 살아가는 상태를 말합니다.

이와 같이 공생사회를 향해서 기업은 생산자로서 자원을 절약하면서 보다 좋은 제품을 싸게 소비자의 손에 닿도록 서로 경쟁하는 것입니다. 이것은 말하자면 소비자나 고객에게 봉사 경쟁을 하는 것입니다. 그 결과로서 고객이나 소비자가 이익을 얻게 되는 것입니다. 그 상태를 공생이라고 말합니다. 즉, 경쟁은 공생사회의 실현이라는 목적을 위한 중요한 수단인 것입니다.

자연계에 있어서 생물은 모두 엄격한 자연환경에 견디며, 각각 필사적으로 살고 있으며, 이것이 주위의 생물과 경쟁이나 공생을 창출하고 있습니다. 이와 같은 환경에 적응할 수 있는 생물은 존속하며, 적응할 수 없는 생물은 몰락해가는「적자생존」이라는 법칙이

엄연히 작용하고 있는 것입니다. 또한 스스로가 생존에 필요한 분량 이상의 양식을 가짐으로써, 남에게 해를 입히는 것이 되며 공생의 틀을 넘어 자기만이 특출하게 번식하는 것처럼 되면 스스로의 파멸을 초래하게 됩니다.

경제사회도 자연계와 마찬가지로 기업은 시장이라는 험한 환경 속에 사는 생물이라고 말할 수 있습니다. 자기 회사의 번영만 생각하는 이기적인 기업은 일시적으로는 융성을 자랑할지 모르겠으나 언젠가는 몰락의 길을 걷게 됩니다.

현명한 기업은 고객이나 소비자의 이익을 생각하는「이타(利他)」의 정신을 가지고 있습니다. 그래서 경쟁상대인 동종의 다른 회사에 대해서는, 자기회사를 연마하도록 해주는 숫돌로 생각하여 존중하며, 「서로 존중하는 정신」을 가지게 되는 것입니다. 이와 같이 서로 존중하는 정신을 가지고 업무에 임하면 고객이나 소비자가 자기회사를 지지해주어 생존을 유지할 수 있는 것입니다.
경쟁에서 이긴다는 것은 라이벌인 동종의 다른 회사를 이기는 것이 아니고 고객이나 소비자로부터「선택을 계속 받는 것」입니다.

7. 재무의 기본 − 수입을 헤아려 지출을 행한다.

경영의 모든 활동에는 자금의 흐름에 따라서 돕니다. 그래서 경영자는 언제나 그것을 붙잡아 둘 필요가 있습니다. 자금의 힘이나 움직임을 숫자로 나타낸 것이 재무지표이며, 그것을 적절히 관리하는 것이 재무관리입니다. 그리고 재무관리에서 아주 기본이 되는 것은 안전성, 수익성, 성장성, 효율성의 4가지 지표입니다.

안전성은 재무의 건전도나 안전도를 나타내는 것이며, 그 기업의 「계속 유지하는 능력」을 나타냅니다. 그것을 단적으로 나타나는 것이 대차대조표의 자기자본비율입니다. 자기자본 비율은 총자본(자산 합계=부채·순자산합계)에 대한 순자산합계(자기자본)의 비율을 나타냅니다.

■ 대 차 대 조 표 ■

차 변		대 변	
유동자산	당좌자산	유동부채	부채
	재고자산	고정부채	
	기타유동자산		
고정자산	유형(有形)고정자산	자본금	자기자본
	무형(無形)고정자산	법정준비금	
	투자기타자산	잉여금	
	이연자산		
자산총계 (자산합계=총자산)		부채총계	

도경일체의 경영은 무차입경영을 권장하기 때문에 자기자본 비율이 높으면 높을수록 좋다고 봅니다. 단지 높은 자기자본 비율을 유지하는 것에 신경을 써서 지나치게 보수적인 경영이 되지 않도록 주의할 필요가 있습니다.

수익성은 손익계산서의 경상이익률의 숫자가 높으면 높을수록 좋습니다. 또한 적어도 매년 흑자가 되도록 신경 쓰지 않으면 안 됩니다. 얻은 이익을 관리할 때의 마음가짐에 대해서는 중국의 고전인 예기(禮記)의 왕제(王制)에 양입이위출(量入以爲出)」이라는 말이 실려 있는데, 즉,「수입을 헤아려 지출을 행한다」이 말은 재무관리의 기본을 이루는 근본원칙이기도 합니다. 즉, 우선 수입금액을 계산하고 그 금액 이내에서 지출하는 것입니다. 기업도 사람도 이익을 만드는 원리는 단순하여 이 원칙밖에 없습니다. 누구나 다 아는 것이지만 이를 지키는 사람이나 기업은 많지 않습니다. 오히려 그 반대로 수입보다 지출을 많이 하는 편이 많습니다. 오늘날 대부분의 선진국이 재정에 허덕이는 이유도 여기에 있습니다.

히로이케치쿠로 박사는 다음과 같이 말하고 있습니다.

"현대 세계 각국에서 채용하고 있는 재정학 및 매년 국가예산 편성방법은 성인의 가르침과 정반대이기 때문에 어떤 나라든지 중앙정부의 재정도 지방의 재정도 회사 또는 개인과 가정의 재정도 모두 곤란에 빠져온 것입니다."

기업은 지출, 즉 경비를 중심으로 해서 수입, 즉 매출을 계획해야 하는 것은 아닙니다. 제일 먼저 매출을 계산하고 그 범위 내에서 경비를 쓸 수 있도록 계획을 세워야 합니다. 그러나 매출을 정확하게 예측하고 계산하는 것은 어려운 일입니다. 왜냐하면 매출을 결정하는 것은 최종적으로 고객이며, 시장이기 때문에 직접 해보지 않으면 알 수 없기 때문입니다.

　한편, 경비를 계산하는 것은 쉽습니다. 그러나 많은 기업이 경비의 많은 부분은 인건비를 중심으로 한 고정 경비이기 때문에 계산하는 것이 쉬워도 삭감하는 것은 어렵습니다. 따라서 도경일체의 경영은 매출이 계산한 것처럼 되지 않더라도 수입과 지출이 서로 채워져 손해가 없도록 손익계산의 분기점을 내리도록 노력하고 있습니다. 즉, 언제나 여유를 가진 경영을 하게 됩니다. 마쓰시다 코노스케는 이것을 「댐 경영」이라고 이름 지었습니다.

　일반적으로 성장성(成長性)이 높은 것이 바람직하다고 합니다. 그러나 안정성장기에 있는 현재의 일본에서 급속하게 성장하는 것은 바랄만한 것이 아닙니다. 무리하지 않는 경영을 생각해야 합니다. 나무가 연륜을 거듭해 성장하듯이 조금씩이지만 반드시 매년 늘어나도록 경영하도록 하는 것을 목표로 해야 하는 것입니다.

　또한 효율성이 높다는 것은 자금이나 사람의 활동에 헛됨이 없다는 것을 의미하므로 높은 효율성은 이익을 올리는 근본이 됩니다. 이것은 사람이나 물건 또는 돈이 가지고 있는 「덕(德)」을 살리는 것이기 때문에 도경일체의 경영에서 중요시합니다.

8. 납세와 감사·은혜를 갚는 보은의 경영

　어떤 기업도 유형무형의 많은 사회적 기반 즉 「공공재(公共財)」를 이용하여 활동하고 있습니다. 예를 들면 도로, 통신, 교통기관, 법률, 상습관(商習慣), 경찰, 소방 등 많이 있습니다. 이들 모두 국가·사회에 의해 만들어지고 유지되고 있습니다. 우리는 이처럼 더 많은 은혜를 받음으로써 비로소 존재할 수 있는 것입니다. 그리고 국가·사회는 세금에 의해 존립하고 있습니다. 세금이 없으면 국가도 존재할 수 없습니다. 따라서 기업은 이익을 올려서 그것에 부응하는 세금을 내는 것은 도덕보다 의무입니다.

세상에 만연하는 「세금으로 빼앗겼다」는 의식을 버리고 세금 내는 것을 감사와 은혜를 갚는 마음으로 행할 것을 도경일체의 경영은 중요시합니다. 세무조사를 하는 세무직원은 국가를 대표하는 은인의 한 사람으로 생각하고, 견해가 다르거나 의심이 나는 것은 명확히 하면서 감사와 은혜를 갚는 마음으로 세금을 내는 것이 도경일체의 경영입니다. 필요 이상의 납세를 할 필요는 없습니다. 그러나 「절세(節稅)」가 지나치면 탈세(脫稅)라는 범죄행위를 저지르는 경향이 있음을 잘 알아 두어야 합니다.

바르게 납세함에 따라 비로소 기업의 자기자본 비율이 높아지고 그에 따라 기업의 안정성이 높아집니다. 그리고 이에 의해 기업의 「계속 유지하는 힘」이 높아지고 결국 지속되는 영속(永續) 기업이 가능하게 됩니다. 즉, 납세를 잘 함으로서 영속하게 되는 것입니다.

그렇지만 납세만이 국가·사회에 감사하며 은혜를 갚는 길은 아닙니다. 기업의 사회공헌(SR)은 납세뿐만 아니라 거리 만들기, 지역 활성화, 환경보호, 문화지원 등 여러 가지 형태가 있습니다. 현대의 도경일체의 경영은 이와 같이 사회공헌을 중요하게 생각합니다.

9. 돈 빌리는 것과 갚는 것의 보증을 경계한다.

도경일체의 경영은 양보다 질을 중시합니다. 양·질 모두 여러 가지 관점이 있습니다. 그러나 그 전형은 재정에 나타납니다. 예를 들면 기본적으로는 매출보다 이익을, 나아가 이익금 보다 이익률을 중요시합니다. 어떻든 간에 규모나 겉보기보다 실질을 중요시하는 사고방식입니다. 그래서 각종 재무제표는 자기자본 비율 대 매출과 이익률, 부가가치율, 1인당 매출「율(率)」 등을 중요시 합니다. 특히 중소기업의 경우 규모의 확대를 목표로 하기 보다는 질의 향상을 목표로 하는 것이 중요합니다. 중소기업의 강점은 양이 아니고 질에 있기 때문입니다.

따라서 도경일체의 경영은 돈을 빌리는 차입경영을 경계합니다. 차입경영은 규모를 실력 이상으로 크게 보이게 합니다. 차입경영이란 자기의 능력 이상의 것을 이루려고 해서 남의 힘을 빌리는 행위라고 말 할 수 있습니다. 이것을 도경일체의 경영은 「무리한 경영」이라고 보고 있습니다. 무리(無理)란 옳다는 리(理)가 없는(無) 것을 말하므로 「무리한 경영」이란 「옳음이 없는 경영」이므로 언젠가는 파탄하고 말 것입니다. 히로이케 치쿠로 박사는 「무리한 경영」을 경계해서 다음과 같이 말하고 있습니다.

"이야기가 장황한 것 같지만 거듭 말하면, 제일 주의해야 하는 것은 자기 능력 이상으로 무리하지 않아야 하는 것입니다. 왜냐하면 자기를 해치는 것으로 끝나는 것이 아니고 모두 무자비하고 무성실하여 부도덕한 행위를 하게 되기 때문입니다. 모든 것은 틀림없이 천천히 오래오래 진행하는 방침을 세워야만 합니다."

차입경영은 급하게 서두르는데서 일어난다고 할 수 있습니다. 설비투자나 선행투자를 위해 돈을 빌리는 것은 시간을 무리하게 단축하는 행위이기도 합니다. 시간을 들여 자기자본을 만들어 그것이 충분한 액수에 도달했을 때 투자하는 것이 도경일체 경영의 원칙입니다. 그것을 어떤 이유로 기다리지 못하고 초조해서 급하고 무리하게 달성하려는 행위가 돈을 빌리는 차입경영이라고 할 수 있습니다.

일본은 차입경영을 할 때 경영자가 개인보증을 하게 됩니다. 더군다나 그것만으로는 보증이 충분하지 못해서 제삼자의 연대보증을 요구하는 경우가 있습니다. 그러나 개인보증이라는 관습에는 문제가 있습니다. 특히 연대보증은 무리한 행위입니다. 그 기업에 불신감을 가지므로 금융기관은 개인보증을 요구하는 것입니다. 그래도 신뢰가 안 되기 때문에 연대보증을 요구하는 것입니다. 연대보증이란 무리에 무리를 거듭하는 방법입니다. 도경일체의 경영은 자신이 연대보증을 서든지 또는 다른 사람을 세우는 것도 엄격히 제재하고 있습니다.

현대는 급성장 또는 시대의 첨단을 간다는 등 「서두르는 것」을 높이 평가하는 경향이 크게 있습니다. 그러나 이러한 경향이 호황·불황을 낳는 원인의 하나라고 도경일체의 경영은 생각합니다. 급성장을 목표로 하였으나 불황이 되어서 그것 때문에 정체, 퇴조, 실업, 도산, 혼란이 일어나는 것을 생각하면 오히려 천천히 확실하게 성장하는 것이 결과적으로 빠른 길입니다.

히로이케 치쿠로 박사는 다음과 같이 말합니다.

"특히 최근의 유행어인 첨단화, 첨단으로 간다, 모던 무언가, 기록을 깬다, 스피드 시대, 라는 아주 유치한 인간 본능에는 잘 맞지만, 인간의 안심과 평화 또한 행복실현과 정반대 행위를 선동하는 사람들이 주장하는 정책에 지나지 않는 것입니다."

10. 부자가 되는 경영

— 진정한 부(富)란 무형의 덕(德)이다.

기업에 있어서 이익이 중요하다는 것은 더 이상 말할 필요도 없습니다. 왜냐하면 이익이 나오지 않는 경영을 계속한다면 부채가 늘어나고 나아가서는 기업 자체가 존속할 수 없기 때문입니다. 그래서 도경일체의 경영은 이익을 중요시 합니다. 어느 정도 이익이 나오는 것이 좋은가는 기업의 종류와 기업의 형편에 따라 다르고 또한 규모에 따라 다릅니다.

그러나 이익을 만드는 것 자체가 기업의 목적이라고는 생각하지 않습니다. 기업의 목적은 궁극적으로 그 기업과 관계된 「인재 만들기」입니다.

도경일체 경영의 이익은 인재 만들기의 결과로 자연히 발생되는 것이라고 생각합니다. 결과라는 관점에서 보면 이익은 「경영의 앙금(찌꺼기)」라고 표현 할 수 있습니다. 매일 매일 기업 활동의 결과에 의해 자연히 발생한 앙금이라는 사고방식입니다. 그러나 앙금 만드는 것을 목적으로 하는 것은 이상한 짓입니다. 자연스럽게 이익이 발생하는 것을 히로이케 치쿠로 박사는 「부자가 되는 것, 치부(致富)」라고 말하며, 「이익을 목표로 하지 않고 부자가 되는 기술을 행하는 것은 무형의 덕이 되는 것」이라고 말하고 있습니다. 즉, 이익만을 목적으로 하지 않고 고객 만들기, 물건 만들기, 인재 만들기를 확실히 한 결과로 이익을 얻는(돈을 버는)것이 진정한 부(富)이며, 무형의 덕(德)을 얻는 것이라고 설명하고 있습니다.

건전한 기업활동을 하고 있다면 반드시 이익은 발생합니다. 이익이 나오지 않는 것은 불건전하게 활동하고 있는 것을 의미합니다. 따라서 적자가 계속되는 경우 경영자는 어딘가에 불건전한 점이 있는지를 간파하고 재빨리 대책을 세워 건전한 경영으로 되돌리지 않으면 안 됩니다. 또한 도경일체의 경영은 이익을 내는 것보다 그 이익을 어떻게 사용할 것인가를 중요하게 생각합니다. 최악의 사태를 생각하고 준비해서 이익을 축적해두며, 자기 회사의 미래를 위해서 「미래 투자」를 하는 등 사용방법에 애를 씁니다.

히로이케 치쿠로 박사는 「돈을 버는 것은 쉽지만 이것을 좋은 쪽에 사용하는 것은 오히려 어려운 것이다」라고 말하고 있습니다. 돈을 좋은 쪽으로 사용하는 것이란 회사에게는 크고 작은 여러 가지 은혜에 대한 보답 행위, 도덕적인 인재 만들기와 그와 같은 사업의 지원, 또는 지역사회, 국가·공공의 복지를 도덕적으로 증진하는 사업의 지원 등을 말합니다. 그렇게 쌓아 나가는 것이 회사의 덕(德), 즉 「사덕(社德)」을 쌓는 것이며, 진정한 부(富)를 얻어서 영속하는 「치부의 경영」 기업으로 이어지는 것입니다.

히로이케 치쿠로 박사는 말합니다.

"영속적인 치부의 법칙—돈을 벌려는 것과 부를 이루어 자손에게 물려주려는 것은 그 원리가 크게 다릅니다. 돈을 버는 방법은 도둑질을 해서라도, 뇌물을 받아서라도, 물건의 시세 변동 차액으로라도 할 수 있지만, 그것은 모두 오래 지속될 수 없습니다. 따라서 천지의 법칙*에 맞는 행동으로 사업하면 돈을 벌고 또한 그 돈을 자손에게까지 계속해서 진정한 부를 얻을 수 있는 것입니다."

---

* 천지의 법칙이란 성인의 가르침인 자비로운 마음을 말하며 히로이케는 이를 최고 도덕이라고 말한다.

제3장

인재 만들기 경영

"기업의 번영은 사람 만들기 경영에 있다."
"물건을 만드는 공장으로는 시시하다. 인간을 만드는 공장이 아니면 안 된다."

1. 기업의 번영은 인재 만들기 경영에 있다.

「사업은 인재 만들기」라고 말하듯이 기업의 성쇠는 오로지 「인재」에 달려 있습니다. 사람, 물건, 돈, 정보라는 경영자원을 통합한 결과로서 그것을 살리거나 죽이는 것은 「인재」에 따라 그렇게 되기 때문입니다. 또한 「경영(매니지먼트)이란 다른 사람들을 통해서 일을 성취하는 것」입니다. 다른 사람들이란, 우선은 현장의 사원들이며, 이 사원들을 시작으로 이익을 얻는 거래처, 구입처, 협력업자 등 관계된 모든 사람들(스테이크홀더)을 통해 사업이 이루어지는 것입니다. 실제 기업활동은 현장 사람들이 중심을 담당하고 있으며 그 현장 사람들을 어떻게 육성할까라는 「인재 만들기」가 사업 성공의 열쇠가 되는 것입니다.

기업의 장기적인 경쟁의 원천도 인재에 있습니다. 중국 관자(管子)는 「1년의 계획은 곡식을 심어 1년에 수확하는 것과 같고, 10년의 계획은 나무를 심어 10년이 지나 열매를 수확하는 것과 같으며, 평생을 계획하려면 인재를 만드는 것과 같다」라는 격언이 있습니다. 일본의 선조들도 「돈을 남긴 사람은 하(下), 일을 남긴 사람은 중(中), 인재를 남긴 사람은 상(上)」이라고 말해 어느 쪽도 장기적인 시점에서는 인재 만들기의 중요성을 설명하고 있습니다.

모름지기 기업경영은 세로 실과 가로 실을 엮어 짜서 아름다운 직물을 만드는 것과 같습니다. 세로 실은, 회사의 생명으로 곧 바로 이어지는 것 같은 전통을 나타내며, 창업자의 이념이나 경영관, 그 회사의 회사다운 점이나 「방침(way)」이라는 가치관입니다. 가로 실은, 자기 회사가 어떠한 스테이크홀더에게 둘러싸여 세상을 위해, 사람을 위해 공헌하고 있는가라는 사회적 책임을 나타내고 있습니다. 이러한 사회적 책임도 크게 나누어 두 가지가 있습니다. 하나는 본업을 통해서 국가·사회에 공헌하는 것이며, 또 하나는 국가·사회에 유익한 인재를 배출하는 공적 기관이 되는 것입니다.

히로이케 치쿠로 박사는 기업의 역할과 사명을 다음과 같이 말하고 있습니다.

"이래서 자신의 가업 또는 직무를 가지고 자신만 이익을 얻는 것보다 오히려 자신의 가업이나 직무는 사람의 마음을 개발하거나 또는 구제하는 공적 기관처럼 생각하고 그 직무를 행하거나 또는 가업에 힘쓰다 보면 그 덕은 증가함과 동시에 사회적으로 신용이 크게 쌓여서 반드시 행복한 자신이 될 수 있는 것입니다."

이처럼 도경일체의 경영은 사업의 궁극적인 목적을 「인재 만들기」에 두고 있으며, 「사업에 성의를 다하며 구제의 생각을 근본에 둔다.」라는 생각을 중요하게 봅니다. 「사업에 성실을 다 한다」는 말은 자기 회사의 사업이 국가·사회의 안전이나 발전에 조금이라도 도움이 되도록 전력을 다하는 것을 말하며, 「구제」란 여러 가지 은혜에 감사하고 보답할 수 있는 마음을 가지고 사회에 적극적으로 공헌할 수 있는 자립적인 사람을 키우는 것입니다. 그래서 「구제의 생각을 근본에 둔다」란 자기 회사의 사업을 통해서 그와 같은 인재를 키우는 것을 언제나 염두에 두는 것을 말합니다. 자기 회사에 도움이 되는 인재를 키워서 언제나 쓸려고 하는 것이 아니고 어디에 가든지 한 사람의 인간으로 통하는 훌륭한 사회인으로 키워서 사회에 배출하는 것이 경영자의 중요한 역할임을 마음에 새기고 싶은 것입니다.

2. 조직의 품성이 회사의 덕(德)을 만든다.

「사업은 사람, 사람은 품성」이라고 말합니다. 히로이케 치쿠로 박사는 「인간의 능력을 운용하는 원동력은 인간의 도덕심입니다. 이것을 비유하면 힘은 배와 같고 도덕은 키와 같은 것입니다. 그 배가 아무리 튼튼하고 위대하다고 해도 그 키의 사용방법에 따라 항해를 잘하든지 못하든지 됩니다.」라고 설명하고 있습니다.

회사의 운명도 그곳에서 일하는 사원 한 사람 한 사람의 운명도 도덕심 여하에 있으며, 모든 것은 그 품성에 달려있다 하겠습니다. 따라서 기업은 사원의 도덕심을 육성하여 높은 품성, 바람직한 덕을 갖춘 인재를 육성하지 않으면 안 됩니다. 그런 의미에서 기업은 「인재 만들기의 도장」이라고 말할 수 있겠습니다.

중소기업은 제일 위에 있는 경영자의 품성이 사업 전체에 결정적 영향을 주기 때문에 회사의 품성이 되는 「품성 자본」은 경영자의 품성을 중심으로 전 사원의 품성이 모인 것이라고 봅니다. 이와 같이 전 사원의 품성 집합체를 「조직 품성」이라고 부르며, 그것은 단지 사원 개개인의 품성을 통합하는 것을 넘어 조직 자체가 가지고 있는 것 같이 보이는 품성입니다.

조직 품성은 우선 창업자의 경영이념과 경영자의 품성을 중심으로 해서 모든 사원의 품성이 조성되고 축적되어 기업·조직의「좋은 사풍(社風)」또는「조직 풍토」「조직 문화」로 부르는 것이며, 기업 조직에 있어서는 눈에 보이지 않는 잠재력이 되는 것입니다.

이와 같은 조직 품성은 소위 회사의 덕이라고 하는「사덕(社德)」과 같으며 신용력이라고 볼 수 있습니다. 사덕을 쌓아 올리기에는 경영자를 비롯해 전 사원이 사업을 통해서 성실히 도덕의 실천을 쌓아나가는 것 밖에는 다른 방법이 없습니다.

히로이케 치쿠로 박사는「번영의 원리는 자본, 경영법, 인원, 광고 등 크고 작은 것에 의존하기 보다 도덕의 질과 양에 의한다.」라고 설명하고 있습니다. 도경일체의 경영을 하려고 하기 때문에 기업의 영속과 번영하는 질 높은 도덕을 가능한 많이 실천해 가고 싶은 것입니다.

3. 이어지는 힘 - 경영자가 사원의 부모가 된다.

경영자는 제1장에서 말한 품성 자본의 요소인「이어지는 능력」이 갖춰져야 합니다.「이어지는 능력」은「인간관계 능력」이며,「자기 회사나 자기와 무언가를 이으려고」하는 주체적이고 계속적인 노력에 의해서 태어납니다.

「무엇과 이어질까?」는, 사원을 비롯해 고객, 구입처 등 스테이크 홀더 전체와 이어질 필요가 있는 것은 말할 필요도 없습니다. 그러나 인재 만들기의 경영은 먼저 사원과 이어지는 것을 생각할 수 있습니다.「어떻게 이어질까?」에 관해서, 도경일체의 경영은,「부모와 자식 관계」를 이상으로 합니다. 즉 경영자가「사원의 부모가 되는 것」입니다. 사원을 「자기 자식처럼 생각하는」 것은 어렵지만, 이상을 거기에 두고 부모와 자식 같은 유대를 목표로 합니다.

그런 경우 사원을 「인재(人才)」로서 어떻게 파악해야 하는가를 묻게 되며, 이것이 경영자의 인간관과 깊은 관계를 갖게 됩니다. 인재를 단지 노동력으로 파악하면 필요할 때 필요한 만큼 필요한 기술을 가진 인재를 채용하며, 필요 없으면 해고하는 것도 마다하지 않게 됩니다. 이것은 인재를 사업발전을 위한 재료, 즉 인간 재료인 「인재(人材)」로 보고 단지 경영상의 「경비(經費)」처럼 취급하고 있는 것입니다.

한편 인재를 「자산(資産)」으로 생각한다면 회사의 재산과 가치를 생산하는 원천으로서 귀중하게 취급하며, 교육과 추가투자도 시행합니다. 그렇지만 그것은 인재 「사업목적을 달성하는 수단·재료」로 취급하는 것과 같습니다. 사원 한 사람 한 사람은 자유의지를 가진 인간이며, 토지나 건물처럼 기업의 소유물이 아닙니다.

히로이케 치쿠로 박사는 「인간을 목적으로 한 사업은 인간을 행복으로 이끄는 수단이 아니면 안 된다. 무엇이든지 인간중심으로 생각해 인류의 안심·평화·행복을 위해서 사업을 한다는 마음이 되는 것은 어떤가」라고 말해 사업의 발전을 위해서 인간이 있는 것이 아니라 인간의 행복을 도모하기 위해 사업이 있다는 「인간 중심」의 입장을 취하고 있습니다.

따라서 도경일체의 경영은 인재를 「인재(人財)」로 취급해 사원

한 사람 한 사람은 사회로부터 맡겨진 중요한 보물로 보고 있습니다. 이 중요한 보물을 「다이아몬드의 원석」이라고 생각하여 이것을 빛나는 다이아몬드로 갈고 닦는 것이 기업이라는 숫돌이며, 경영자는 부모의 마음입니다.

사람을 육성하는 마음가짐에 대해서 히로이케 치쿠로 박사는 ① 경영자는 사원의 행복을 기도할 것. ②모든 일에 감사하고 은혜를 갚는 보은의 마음으로 행하도록 교육할 것. ③인재 만들기는 따뜻한 마음에서 자연스럽게 천천히 행할 것. ④깊은 주의와 쉽게 단념하지 아니하고 끈질기게 견디어 나아가는 자비와, 역지사지 그리고 친절한 마음을 가질 것을 설명하고 있습니다. 경영자는 사원을 교육하기 전에 먼저 경영자 자신이 사원의 교육을 통해서 「자기 만들기」를 할 각오와 뱃장이 필요한 것은 말할 필요도 없습니다.

4. 부모에게 효도하는 사원을 만든다.

도경일체의 경영은 사업의 궁극적 목적을 「인재 만들기」 즉 인간의 품성 향상에 두고 있습니다. 따라서 자기 사원이 감사와 보은의 마음을 안고 스스로 마음을 기르도록 지원하며 지도하는 것이 중요합니다. 특히 사원 한 사람 한 사람에게 부모와 조상에게 감사하고 보은하는 것을 교육하는 것이 빠져서는 안 됩니다.

효도의 궁극적 목표는 부모에게 「안심」과 「만족」, 「기쁨」을 드리는 것입니다. 그러기 위해서는 부모에 대한 깊은 배려의 마음과 감사의 마음을 가지는 것이 전제가 되어야 합니다. 이 정신은 회사활동의 모든 면에 깊은 의미를 가집니다. 예를 들면 일상 업무의 보고·연락·상담 할 때, 상대의 입장에서 깊은 배려의 마음과 감사의 마음이 있는 것과 없는 것은, 그 방법, 시간, 내용이 완전히 다릅니다. 그러나 이러한 정신은 회사의 업무 속에서만 길러지는 것은 아닙니다. 오히려 부모와 조상에 대한 「효도」를 통해서 길러지는 것입니다.

효도에 의해 길러진 정신은 회사 내에서의 인간관계뿐만 아니라 고객을 비롯해 여러 스테이크홀더와 인간관계에 많은 영향을 줍니다. 이런 의미에서 부모와 조상에게 감사와 보은의 마음을 가진 사원이 얼마나 많은가는 그 회사의 품성 자본의 힘을 나타내는 바로미터가 됩니다. 오늘날 사회는 경영전반과 사원교육에 관해서 「효도」를 논하는 경우는 거의 없습니다. 따라서 「효도」는 회사의 「숨어있는 덕」이라고 할 수 있습니다.

효경(孝經)은 「효는 백행의 근본이다」라고 말하며, 도경일체에 뜻을 둔 경영자는 먼저 스스로 부모와 조상을 「마음의 스승」, 「큰 은혜를 입은 사람」에 대하여 깊이 감사해야 합니다. 그리고 크게 효심을 발휘하여 은혜를 갚는 것에 애 쓰지 않으면 안 됩니다. 그런 뒷모습을 보이면서 「효」의 정신을 사원에게 옮겨 심듯이 노력하는 것이 중요합니다.

즉, 효도에 관해서 히로이케 치쿠로 박사는 다음과 같이 말하고 있습니다.

"효도를 한 사람이 아직 효도를 다하지 못해서 마음에 남는다고 생각하는 마음이 진정한 효도의 마음인 것이다."

"효도는 부모가 안심하도록 하는 것임을 제일 먼저 생각해야 합니다. 이를테면 적은 봉급을 받는 아들이 봉급에 어울리지 않게 부모를 즐겁게 해드리는 것이 효도라고 생각할지 모르지만 부모는 자식이 무엇인가 부정한 일이라도 한 것이 아닌가 걱정합니다. 진정한 효도는 부모가 안심하도록 하는 것입니다"

5. 고객만족(CS)과 사원만족(ES)은 표리일체

세상의 많은 기업은 고객만족 즉, CS(Customer Satisfaction)라는 고객 제일주의를 경영이념으로 들고 있습니다. 고객이 있어야 기업이 있기 때문에 이것은 당연한 것이라 말할 수 있습니다. 그러나 고객과 일상적으로 접하고 고객만족을 실현하는 당사자는 사원입니다. 현장사원이 고객만족의 열쇠를 쥐고 있는 것입니다. 그렇게 생각하면 「사원 만들기」가 제대로 되어야 비로소 고객만족이 가능하다고 말할 수도 있습니다.

이와 같이 사원 만들기는 「사원 만족」(ES=Employee Satisfation)을 어떻게 실현하는가에 달려있습니다. 일하는 현장에서 만족하고 있지 않은 사원이 어떻게 고객을 만족시킬 수가 있는가? 사원의 「일 하려는 마음」이 높은 기업일수록 업적이 향상하고 있다는 것, 사원의 만족도와 업적에는 명확한 상관관계가 있다는 것은 최근의 연구에서 나타나고 있습니다. 즉, 「고객 만족」과 「사원 만족」은 표리일체(表裏一體)이며, 그것을 이어주는 것은 「사원 만들기」라고 말 할 수 있습니다.

사원 만족의 요소는 눈에 보이는 「물질적 보수」와 눈으로 보기 어려운 「정신적 보수」가 있습니다. 물질적 보수는 돈이나 직무상 지위향상, 복리후생 등 대우 향상과 개선을 들 수 있습니다. 그리고 정신적 보수에는 자신의 성장을 스스로 실감할 수 있는 것, 남이 기뻐하며 감사하다는 말을 해주는 것 등을 들 수 있습니다.

아브라함 매슬로(Abraham Maslow 1928~1970)의 욕구 단계설을 보면 물질적 보수는 생리적 욕구와 안전욕구를 만족하는 것, 즉 사원이 직무를 수행해 가는데 빠질 수 없는 요인이 됩니다. 이것은 사원만족의 아래 단계인 「사원 납득」과 직결합니다. 정신적 보수는 「인정받고 싶다」라는 승인욕구와 「성장하고 싶다」라는 자기실현욕구에 해당합니다. 물질적 보수는 한계가 있습니다. 그러나 정신적 보수는 무한으로 높아질 수 있는 가능성이 있습니다.

경영자는 물질적 보수의 향상만이 아니고 정신적 보수를 높일 수 있도록 업무환경과 구조를 정리할 필요가 있습니다. 이렇게 하여 처음으로 진정한 사원 만족이 실현 될 수 있는 것입니다.

히로이케 치쿠로 박사는 「사장이라는 사람은 돈을 버는 데 마음을 쓰기 보다는 종업원이 행복하게 되는 것에 힘이 되어주는 사람이며 이것을 자비롭다고 합니다.」라고 말하고 있습니다. 특히 젊은 사원에게는 교육을 시행하는 것이 중요하다고 하며 다음과 같이 말하고 있습니다.

「돈과 물질이 풍부해졌다고 해서 사람이 한 평생 안심과 행복을 얻을 수 있는 것은 아닙니다. 특히 젊은 독신자에게는 품성교육을 하지 않고 함부로 과분한 물질을 주는 것은 오히려 그 젊은이의 일생을 잘못되도록 하는 것이 됩니다. 최고도덕은 늘 가능한 경영자가 종업원에게 물질적으로도 은혜를 베풀도록 가르칩니다. 그러나 종업원은 경영자가 종업원에게 품성교육을 해주는 것이 종업원에게 큰 이익과 행복을 가져다 주는 것입니다.」

왜냐하면 사원이 만족하는 것이 고객만족을 실현시키는 사원으로 만들기는 충분하지 못합니다. 높은 급료와 높은 복지로 사원 만족을 실현하고 있기 때문이라 하더라도 반드시 고객 만족을 실현할 수 있다고 할 수 없는 현실이 많이 있기 때문입니다. 그래서 사원의 물질적·정신적 만족을 한 단계 높이는「의식 변혁」이 필요하게 됩니다.

그 의식이란 「주인의식」이며, 경영자와 같은 당사자 의식, 경영의 참가 의식입니다. 사원이 자신이 근무하는 회사의 업적과 평판을 남의 일로 생각하지 않으며, 회사의 모든 성공이나 상을 받은 것을 마치 자기의 일처럼 기뻐하고 또한 업적 악화나 불평을 자기의 일처럼 걱정하며 현장의 개선과 사업의 혁신을 향한 고생을 싫어하지 않게 되는 말하자면 사원에게「경영자 의식」을 갖도록 하는 것입니다.

이와 같은 의식은 단지 사원이 만족하는 수준을 훨씬 뛰어넘는 것으로서 이것이 고객 만족과 사원 만족을 연결하는 열쇠가 되는 것입니다. 히로이케 치쿠로 박사는 경영자와 「일심동체(一心同體)」

가 될 수 있는 사원을 채용하여 교육으로 감화를 주는 것의 중요함을 다음과 같이 말했습니다.

「어떠한 사업도 자신의 힘만으로는 이룰 수 없는 것입니다. 그러므로 조수·사무원·점원 또는 공장의 노동자 등 사람들을 고용하지 않으면 안 됩니다. 그렇다면 이러한 사람들은 전부 자신의 손 발과 같은 사람들입니다. 그렇기 때문에 먼저 많은 사람들을 모집하기보다는 품성이 착한 사람을 모집하도록 주의해야 하며 또한 모집된 사람들은 도덕적으로 감화시켜 자신과 일심동체가 되도록 하지 않으면 안 됩니다.」

6. 회사 내의 커뮤니케이션 – 오아시스オアシス와 호우렌소우ホウレンソウ

최근 기업 내의 과제중 하나는 「커뮤니케이션」을 들 수 있습니다. 커뮤니케이션이 없거나 부족할 때 회사와 직장 분위기가 딱딱해지거나 기업 전체의 팀워크 활동들이 제대로 발휘되지 못하는 결과를 초래하게 됩니다. 또한 조직의 프로젝트 추진에 지장이 오거나 업적 저하의 간접요인이 된다고 합니다.

회사 내의 커뮤니케이션은, 구체적으로, 먼저 인사로서 「오아시스」를 들 수 있습니다. 나아가 상사와 부하 사이에 오고가는 「호우렌소우」(호우코쿠=보고·렌라쿠=연락·소우당=상담), 타부서와 제휴, 경영자가 전 사원에게 회사의 이념·목표·전략의 침투, 매일하는 회담 등 공식적인 것이 주가 됩니다. 또한 사원끼리 별 의미 없는 대화, 정보교류, 친목회 등 비공식적인 것도 혼재하여 전체가 커뮤니케이션을 구성하고 있습니다.

먼저 「조직의 품성」은 「밝고, 긍정적으로, 앞을 향한 사풍(社風)」의 토대 위에 세워집니다. 사원 한 사람 한 사람이 협력하여 노력할 필요가 있습니다. 또한 먼저 요구되는 것이 「오하요우(안녕하세요), 아리가토우(고맙습니다), 시쓰레이시마스(실례했습니다), 스미마셍(미안합니다)」의 인사말 첫 자만을 모아 놓은 「오아시스」이며, 넓은 의미의 인사입니다.

좋은 인사는 서로의 인격을 존중하는 마음의 표현이며, 사내의 좋은 인간관계를 만드는 출발점이 되는 것입니다. 이것은 어떤 조직에서나 필요한 매너이며, 회사 구성상 필수사항인 것은 말할 필요가 없습니다. 그러나 현재 회사는 이것이 충분하게 시행되고 있다고 보기 어렵습니다. 뿐만 아니라 이와 관련하여 여러 가지 문제가 있는 것이 보통입니다. 그래서 경영자나 리더 스스로 「오아시스」를 솔선수범하며, 사내에서 철저하게 시킬 필요가 있습니다. 좋은 인사는 사람의 마음을 좋게 하며 단체와 조직을 활성화 시킵니다.

커뮤니케이션의 기본이 되는 것은 업무상 불가결한 「호우렌소우」입니다. 이것은 신입사원과 젊은 사원만 필요한 것이 아닙니다. 이것이 전체가 잘 돌아가고 있는 회사가 좋은 업적을 올리며 발전하고 영속해가는 것을 쉽게 알 수 있습니다.

또한 「호우렌소우」를 잘 할 수 있는 사람은 일도 잘 할 수 있는 사람이며 기업 전체에 있어서 중요한 사람이라고 말 할 수 있습니다. 「호우렌소우」의 실행에는 단지 기술과 기능만이 아니라 그것을 행하는 사람의 도덕성과 품성을 묻게 됩니다.

  히로이케 치쿠로 박사는 일을 성취하는 마음가짐으로「신속, 확실, 우아, 안전」이라고 말합니다. 다만 「호우렌소우」의 원칙은「신속함」이며, 내용과 전달방법은 「확실함」입니다. 나아가 문장과 말이며, 행동은 상대의 입장이나 사정을 배려하는 「우아함」(알기 쉽고 아름다운)이 빠지지 않도록 배려하며, 의도가 오해 없이 전해지도록 하는 「안전함」이 요구 됩니다. 즉, 「안전」에는 정보를 전달해야 하는 사람에게 전하며, 전달해서는 안 될 사람에게는 전하지 않는다고 하는 「전달 기준」도 포함 됩니다.
  이렇게 「호우렌소우」를 실현하는데는 성실과 겸손 또한 높은 능력이 불가결하며, 거기에는 품성이 진하게 배어 나오는 것입니다. 또한 「호우렌소우」는 부하의 근무라고 오해하는 경영자와 상사가 많지만 먼저 윗사람이 시범을 보일 필요가 있습니다.

  최근 사내의 커뮤니케이션도 모양이 변했습니다. 전자메일, 인터넷, 그룹웨어 등 IT툴이 보급되고 그것을 중개로 하는 공식적인 커뮤니케이션이 급격히 증가하고 있습니다.
  한편, 비공식적인 커뮤니케이션은 사원 개개인의 직무가 급격히 증가하고 있는 최근에는 점점 감소하고 있다고 합니다. 적어지고 있다고 하지만 비공식적인 커뮤니케이션은 「대면하는 직접적인 교류」가 많아지고 각각 흉금을 여는 친목의 장으로서 인간관계를 쌓는 중요한 기회가 되고 있습니다. 일의 내용을 중심으로 한 이성적인 정보전달만으로는 상대와 심리적인 거리는 줄어들지 않습니다. 감정도 중시한 커뮤니케이션에 의해 비로소 진정한 친근감과 깊은 신뢰관계가 쌓아지는 것입니다. 경영자는 비공식적인 커뮤니케이션을 경시하지 않고 사내의 일체감을 양성하기 위한 좋은 기회로 친목의 장을 만드는 등 그 촉진에 힘써야만 되겠습니다.

7. 5S실천으로 평범한 모든 일을 철저히 하는 경영

최근 많은 회사가 5S운동을 적용하여 회사가 힘쓰도록 되었습니다. 5S란 「정리(세이리)·정돈(세이톤)·청소(세이소우)·청결(세이케츠)」·매너(시츠케)」의 알파벳 첫글자를 말하며, 업무 수행 상으로는 「당연함」이라고 생각하기 쉬운 평범한 일, 즉 「당연한 일」입니다. 그러나 그것을 「보통 일」이라고 경시하고, 5S실행을 사원 개인의 의식과 책임만으로 귀착시켜서는 안 됩니다. 5S는 보통 일이지만 회사 자체가 몰두해야 하는 중요한 문제이며, 어디까지 할 수 있는가는 조직의 품성이 나타난 것이라고 볼 수 있습니다.

그런데, 5S의 제1의 「정리」란, 필요한 물건과 불필요한 물건을 구별하며, 불필요한 물건을 버리고 필요한 물건만 직장에 두는 것입니다.

제2의 「정돈」이란 물건을 원래의 장소, 혹은 있어야 되는 정 위치에 놓는 것입니다. 즉, 필요한 물건이 누구라도 금방 꺼낼 수 있는 상태를 만드는 것입니다.

제3의 「청소」란 물건이나 장소를 마음을 다해 쓸고 깨끗하게 반짝 반짝 깨끗하게 닦는 것입니다. 특히 변소와 쓰레기 두는 곳의 청소 또는 주위의 잡초제거 등, 사람이 자발적으로 청소하지 않는 장소의 청소 의미는 크며, 그 효과는 청소하는 사람자신의 마음을 아름답게 해주는데 있습니다. 나아가 그 사람의 「깨닫는 능력」을 높여 자신의 품성을 높여가는 것입니다.

제4의 「청결」이란 정리와 정돈 및 청소를 철저히 하는 것에 있으며, 일상적으로 계속해서 해야 하는 것입니다. 중요한 손님이 온다고 해서 보통 때 하지 않던 정리, 정돈, 청소를 급하게 했을 때, 뛰어난 인물일수록 급하게 서둘러 한 것을 알아차립니다.

마지막 제5의 「매너」란 정리·정돈·청소·청결(이 4개를 4S라고 함)을 습관화하는 것입니다. 습관화하면 언제든지 또는 어떠한 상황에서도 자연이 4S가 실행됩니다.

5S의 철저는, 평범한 일·작은 일이 거듭 쌓여 커진 것뿐으로 이것에 의해 잘 된 회사는 다른 회사와 차이에 큰 의미가 있습니다. 그러나 이것을 게을리 하지 않고 지속하는 것은 매우 어려운 일입니다. 뛰어난 경영자일수록 평범한 일·작은 일을 소홀하지 않고 거듭 행하는 것이 위대한 결과를 낳는다는 것을 이해하고 있으며, 회사 안팎의 아주 작은 변화에도 민감하게 알아차리는 것입니다.

히로이케 치쿠로 박사가 「작은 선행을 소홀하지 말고 오랫동안 쌓기」라고 설명하고 있는 말 그대로입니다. 도경일체의 경영은 「작은 차이가 큰 차이를 낳는다」라는 신념을 가지고 5S의 실천을 결심하고 있습니다.

또한, 5S 실행이 그대로 사업성과와 업적에 직접적인 효과를 낳는다고 생각하지 않습니다. 오히려 5S는 간접적 효과가 크다고 하겠습니다. 즉 실천자의 품성 향상을 재촉할 뿐만 아니라 주위에도 큰 영향을 줍니다. 전략과 비즈니스 모델은 다른 회사가 쉽게 흉내 낼 수가 있지만 철저하게 계속 실행된 5S를 흉내 내는 것은 쉽지 않습니다. 즉, 이것이야 말로 자기회사의 독자성과 차이화(差異化) 표현의 기본이 되며 진정한 강점을 낳는 것입니다.

히로이케 치구로 박사는 말합니다.

- " - 시간과 노력과 비용을 절약해서 그 이상의 이익을 얻는 것은 부도덕이 된다.
  - 도덕은 노력과 비용을 가능한 많이 사용하는 한편 어디까지나 특히 영원한 시간 속에 상당한 수확을 얻는 것이다.
  - 어떠한 작은 일이라도 좋은 일을 계속할 때는 영구성과 위대성이 생긴다."

제4장

역사 만들기 경영

"만세불후라는 것은 천지가 다 아는 법칙인 것입니다."
"학이 천년의 수명을 유지하는 것은 8할 정도 배가 차도록 먹기 때문입니다."

1. 「만세불후(萬世不朽 = 영원히 없어지지 않는 것)」의 경영

　　기업의 존재의의와 가치관, 이상은 정신과 행동규범 등은 평상시에는 경영이념에 집약되어 있습니다. 일반적으로 기업의 목적을 이익 획득에 있다고 하며, 기업의 존재가치를 매출규모나 이익 등 경제적 조건들에서만 보려는 기업들이 많이 있습니다. 그러나 이와 같이 금전적인 가치만으로는 모든 사람을 행복하게 할 수 없습니다.

　　스테이크홀더, 즉 사업에 관계되는 모든 사람들을 행복하게 하기 위해서는 사업의 지속 가능성과 기업의 영속성이라는 시간축을 존중해서 일시적인 성공으로 끝내지 않고 영속적으로 발전해 나아가야 합니다.

　　영속을 「만세불후(萬世不朽)」란 말로 바꿀 수가 있습니다. 그러나 히로이케 치쿠로 박사는 그 의의와 중요성에 대해서 다음과 같이 말하고 있습니다.

　　"모든 우주는 유구성(悠久性)을 가지고 있기 때문에 인생의 본질도 또한 영원 불변한 것이 아니면 안 됩니다. 때문에 만세불후라는 것이 천지가 다 아는 법칙이므로 모든 인간은 장수하게 되며, 가정이나 국가나 모두 만세불후가 아니면 안 되는 것입니다."

　　이와 같이 기업은 영속하지 않으면 안 되는 것입니다. 영원히 계속해 가기 위해서는 「언제까지나 넘어지지 않는 팽이」처럼 지속성을 추구하는 경영을 마음에 두지 않으면 안 됩니다. 만약 팽이의 심이 불안정해서 도는 속도가 늦어지면 팽이는 넘어집니다. 또한 속도가 빠르면 빠를수록 심이 잘 받쳐주지 않으면 원심력에 휘둘려 넘어지고 맙니다. 이것을 기업의 경영과 바꾸어보면, 중심에 있는 심이 경영자와 경영이념이며, 회전 속도가 사업의 이노베이션(혁신)과 성장의 속도에 해당합니다. 경영이념이 불확실하지 않거나 어긋나지 않고 시장과 고객의 변화에 맞는 이노베이션을 최적의 속도로 실행할 수 있다면, 사업은 계속적으로 발전할 수 있습니다. 이것이 품성자본의 제3의 요소인 「버티는 능력」입니다.

 기업이 영속을 목적으로 한다고 해서, 영속 그 자체가 목적이 아니고 어디까지나 결과인 것을 경영자는 인식하지 않으면 안 됩니다. 왜냐하면 영속 그 자체가 목적화 되어 버리면 수단을 선택하지 않고 연명만을 하려고 하여 결과적으로 길을 밟지 못할 수도 있기 때문입니다.
 원인이 없는 결과는 없습니다. 기업의 영속이라는 궁극적인 결과를 얻기 위해서는 영속하는 원인을 만들어 두지 않으면 안 됩니다. 그러기 위해서는, 경영자는 모든 경영자원(사람·물건·돈)을 「영속」이라는 시점에서 발상하며 환경의 변화를 받아들여서 재분배하지 않으면 안 됩니다.
 도덕적으로 올바른 정신과 행위는 천지자연의 법칙에 합치하는 것으로 경제적으로도 올바른 보수를 받아 건강, 장수, 개운, 자손번영, 한 집의 화합이라는 행복의 기초적 조건을 가져오며, 집과 기업의 영속적인 기초를 만들 수 있는 것입니다.

반대로, 이기적인 욕망의 달성을 서두르는 것 같은 부도덕한 경영 행동과 자기이익 우선의 경영은 성공해도 그 기간이 짧고 영속성은 없습니다. 영속을 목표로 하는 도경일체의 경영은 시대를 넘어 기업을 지켜나가는 길을 걸음으로서 만세불후의 가정과 기업을 만드는 것입니다. 역사를 되돌아보면 급성장과 급팽창한 버블기업이 시들고 파탄이 보이는 것 같이 개인도, 가정도, 기업과 단체, 그리고 국가도 도덕에 의해 흥하며 부도덕에 의해 몰락하고 있습니다.

히로이케 치쿠로 박사는 「도덕을 갖지 아니한 인간 능력의 결과는 때로는 강대해져도 그 지속의 시간이 짧아서 단지 부분적 성공에 지나지 않습니다. 도덕실행의 결과는 한 때는 약소하다 하더라도 영구성·갈수록 넓어지는 말홍성(末弘性) 및 심미성(審美性)이 있어 최후의 행복을 낳는다.」라고 합니다.

성공과 행복은 달라, 일시적인 성공은 힘에 의해 얻을 수 있습니다. 그러나 행복은 도덕 이외로부터 얻을 수 없습니다. 「도덕 없이는 영속이 없으며, 영속 없이는 안심 없고, 안심이 없으면 행복도 없는 것」입니다.

2. 창업은 쉽고 지키기는 어렵다.

경제=이코노미의 어원은 그리스어의 「오이코스 · 노모스」에서 유래하며, 오이코스는 「집」 노모스는 「법칙」을 의미하고, 영리한 지혜로 국가와 기업 또한 가정을 경영한다고 하는 「가정(家政)」의 법칙인 것입니다. 또한 우리 일본인이 사용하는「경제」라는 말은 명치 유신이 시작될 때 해외에서 들어 온 「이코노믹스」라는 학문의 명칭은 일본어로 번역할 때 중국의 경세제민(經世濟民)이라는 말을 참고 해서 만들었습니다.

「경세(經世)」란 「세상을 다스린다(經은 다스린다는 의미)」, 「제민(濟民)」은 「국민을 구한다(救=濟)」라는 의미로, 합치면 「세상을 다스려 국민을 구한다」는 말이며, 「경제」라는 말이 됩니다. 즉「경제」란 「세상을 다스려 국민을 구한다」는 「가정(家政)」의 법칙이 되겠습니다.
　경제와 도덕을 한 그루의 나무에 비교하면 나무와 가지 그리고 잎은 경제, 뿌리가 도덕입니다. 일시적인 성공이나 융성이 아니고 기업의 영속을 목표로 하기 위해서는 뿌리인 도덕을 확실히 밟아 단단하게 해두지 않으면 안 됩니다. 그렇지 않으면 어떤 큰 나무라도 무언가 일이 벌어지면 뿌리 채 넘어지고 맙니다. 비즈니스라는 나무를 기르는 데는 도덕이라는 뿌리를 확실하고 단단하게 해야 합니다.
　예로부터 「창업은 쉽고 지키기는 어렵다」라고 말했습니다. 창업할 때는 큰 꿈과 전망을 그리며, 여러 가지 곤란을 이길 수 있다고 해도 드디어 궤도에 오르면 그 사업을 단단하게 지키며 계속 발전시키는 것이 훨씬 어렵게 됩니다. 히로이케 치쿠로 박사는 「창업과 지키기의 방법을 똑같이 하는 사람은 망한다.」 「창업은 도덕 없이도 할 수 있지만 지키기는 도덕 없이는 전혀 할 수 없다.」라고 말하고 있습니다. 또한 기업의 지키기는 특히 돈 사용방법이 중요함을 다음과 같이 말하고 있습니다.

"재산을 만들거나 사회의 높은 지위를 만드는 것은 원래 어려운 일이지만, 그 축척 된 재산이나 회사의 좋은 지위를 도덕적으로 사용하는 것은 처음에 재산을 벌어 그것을 축척하는 것보다 더욱 어려운 일입니다. 즉, 어떤 사람도 자기가 성공한 때는 오만한 마음이 그 사람의 두뇌에 가득 차 있어 앞이 어둡게 보여 자기의 앞길을 잘 볼 수 있는 힘을 잃게 되며, 나아가 자비의 마음도 동정심도 일어나지 않으며 단지 이기심만 늘어나고 커져 물질적으로 자기 자손의 계획을 만들 뿐이기에 결국 반드시 멸망에 이르게 됩니다. 그러기에 동양의 오래된 격언에 '돈을 사용하는 것은 돈을 버는 것보다 어렵다'는 말이 있는 것입니다."

세상에는 도덕과 경제는 양립할 수 없다고 생각하기도 하며, 도덕성 지키기의 중대성에 관해서 주의하지 않는 경향이 있습니다. 창업에 있어서는 분투노력하며, 또한 어느 정도 경영자원이 있으면 성공을 할 수 있습니다. 즉, 사업의 성공에는 몸이 강건하고 지식과 용기가 있으며, 심한 부도덕을 행하지 않는 등 요소가 있으면 좋다고 하겠습니다. 이러한 조건들이 갖추어져 있으면 대부분의 경우 사업의 성공이 일시적으로 이루어지겠지요.

그러나 성공을 지속해서 사업을 완성시키고 나아가 다음세대에 그것을 물려주는 데는 탁월한 품성이 필요합니다. 따라서 지키기는 어려운 것입니다. 지키기에 들어간 경영자는 창업기의 순조로움에 안주하지 않아야 합니다.

이를테면 어떻게든 시류에 맞는 사업을 일으켰고 또한 얼마나 잘 계산을 했어도 경영자도 사원도 그 지위에 맞는 도덕성을 가지고 올바른 길을 가는 기업이 안 되어있으면 언젠가 사회에서 사라지는 운명이 됩니다. 기업의 성쇠는 그 경영자·간부·사원의 도덕실행의 질과 양에 의해 결정됩니다. 세상은 변해도 사람이 가야만 하는 길은 변하지 않습니다.

사업의 근본은 사람에 있으며, 사람의 근본은 품성에 있습니다. 여하튼 경영자와 간부는 창업기에 있어서나 지키기에 있어서나 시종일관 인간존중의 정신에서 사원·종업원과 고객·구입처 등 사람들의 행복을 깊이 배려하며, 스스로 품성 향상에 노력하는 것이 중요합니다.

「창업도 지키기도 고생하는 사람을 사랑하는 정신」이, 신뢰와 협조에 의해 결합한 인간성 넘치는 기업을 만드는 것입니다. 또한 기업이 인재 만드는 하나의 공적 기관이 되어야 비로소 영속적 발전의 길이 열리는 것입니다.

3. 적선(積善)과 의무선행(義務先行)의 장수기업(長壽企業)

1983년 『일경(日經) 비즈니스』 잡지가 제기한 「회사의 수명 30년설」에 의해 회사의 수명이라는 것을 일반인들이 의식하게 되었습니다.

사업자체의 수명은 기업의 수명이나 가업(家業)의 수명과 다릅니다. 창업 100년 이상의 노포(老舖)라고 말하는 오래된 기업의 다수가 서로 경쟁해온 것처럼, 업적이 부진한 사업에서 물러나 다른 사업으로 전업한 것이 장수의 원인이 된 것도 있겠지요. 또는 품질향상을 위해 기술의 고도화를 시도하여 독창성을 발휘하여 새로운 사업 분야를 개척하고 수명을 연장하여 오래 가도록 한 경우도 있겠지요. 이와 같이 환경의 변화에 대응하여 그 기업이 사회에서 필요한 존재로 계속 있는 한 사업은 소멸해도 기업의 수명은 오래갑니다.

도경일체의 경영은 기업의 수명은 좋은 일을 쌓아가는 적선(積善)과 의무를 행하는 의무선행(義務先行)의 결과에 의해 결정된다고 생각합니다.

중국 고전인 『역경(易經)』의 문언전(文言傳)은 「적선(積善)을 하는 집에는 반드시 그 보답으로 좋은 경사가 있으며, 좋지 않은 일을 쌓아가는 적불선(積不善) 집에는 반드시 그 보답으로 재앙이 있다.」라고 적혀있습니다.

하나의 집이 흥하거나 망하는 것이 결코 하루 아침에 일어나는 것이 아닙니다. 흥망은 쌓아 올린 선(善)과 불선(不善)의 결과로서 일어나는 것입니다. 선행을 쌓아 올린 집은 복을 받을 뿐만 아니라 반드시 자손까지 복이 내려가는 것입니다.

「의무선행(義務先行)」이란 권리를 주장하기 전에 먼저 자신의 의무(본분이나 책임)를 바르게 행하라는 말입니다. 그렇게 함으로서 권리는 자연히 실현되며, 그 권리를 누적해서 행사하지 않고 잠재적으로 가지고 있으면 적선의 집이 된다고 하는 것이 최고도덕실행의 원리입니다.

의무선행이 품성을 높이고 올바른 권리의 누적이 유형무형의 여러 가지 자본을 낳아 경영을 잘 할 수 있는 초석이 되는 것입니다. 오래된 백화점의 운영방침인 「선의후리(先義後利: 올바름을 먼저 이익은 나중)」나 택배편의 물류기업의 「서비스가 먼저 이익은 나중」

등 경영이념에서 볼 수 있듯이 이타(利他)정신으로 사업을 하며, 본업을 통해 사회에 공헌할 수 있는 기업은 사회에 계속 존속할 수 있도록 허락되는 것입니다.

지속하는 의무감이야 말로 품성의 극치입니다. 경영자와 사원 양쪽이 노사협조의 정신으로 사업을 통해 선(善)을 쌓으며, 자신의 힘이 회사에 미치는 한 희생적으로 노력하며, 의무선행을 계속하는 것이 아주 중요합니다. 그 결과 덕(德)의 저축이 될 수 있어서 비로소 영속(永續)이라는 성과를 얻을 수 있는 것입니다.

덕(德)이란 고객을 비롯해 타인의 마음에 기쁨을 주는 것이며, 그 결과로서 기업은 이익을 손에 넣을 수가 있는 것입니다. 어떠한 사람도 기업도 이 인과율(因果律:원인과 결과의 법칙)로부터 벗어날 수 없다는 것을 명심해야 합니다.

4. 자조자립(自助自立)의 「잭(jack 들어 올리는 기구)경영」

위기관리의 3원칙은 「자조(自助 : 자기가 자기를 도움)」 「호조(互助 : 서로 도움)」 「공조(公助 : 공공기관의 도움)」라고 말합니다. 기업경영에서 일이 일어났을 경우에는 먼저「자조」의 정신으로 대처하는 것이 중요합니다.

영국의 작가 사무엘 스마일스(Samel Smiles 1812-1904)는 『자조론(Self Help)』의 서문에서「하늘은 스스로 돕는 자를 돕는다 (Heaven helps those who help themselves)」라는 유명한 말을 남겼습니다. 자신이 자신을 돕는 정신은 도덕적으로 보면 존중할 일이며, 남에게 의지하지 않고 한 마음으로 노력을 한다면 하늘은 그런 사람에게 도움을 주는 것입니다.

  도경일체의 경영도 남에게 의존하지 않고 자조자립의 정신으로 모든 일에 임하는 것을 중요시합니다. 이를테면 잘 안 되는 것이 있어도 그 원인을 외부에서 구하지 않고「되도록 하려면 어떻게 하면 좋은가」라고 스스로 생각하고 스스로 행동을 하며, 스스로 책임지는 것이 자조자립의 경영입니다.
  어떠한 시대에도 업적이 나쁜 원인을 밖에서 구하려는 경향이 있습니다. 그런데 경영자는 스마일스가 말하는 자조정신을 가지지 않으면 안 됩니다. 「자기 원인론」이나 「자책」의 생각에서 사업에 필요한 지식을 비롯하여 정보력, 기술력, 조직력을 포함한 경영력을 강화해가는 것이 중요합니다.
  그렇기 때문에 별 뜻 없이 은행으로 달려가 자금을 빌린다든지, 불확실한데도 투기적인 사업에 진출한다거나 적당히 생각해 타인의 힘을 믿고 불안전한 공동사업에 진출하는 등은 경계해야만 합니다.
  실력이 갖추어져 있지 않은 양적 확대가 지나치면 풍선이 너무 커져 터지는 것과 같으며, 건전한 성장이 아니고 속이 없는 팽창이 되어버립니다. 물론 공동사업이나 전략적인 업무제휴(alliance=동맹)가 필요한 때도 있습니다. 그런 경우는 상대방의 도덕성을 잘 살펴보고 협력조건이나 이탈조건 등에 주의하지 않으면 안 됩니다.
  공동사업은 처음 예상한 이익이 확보되는 사이에는 문제가 있어도 표면화 되지 않는 경우가 많습니다. 그런데 예상을 넘은 손실이 발생되면 한 번에 문제가 분출하여 인심이 떠나게 되고 사업수행이 금방 곤란하게 되는 것입니다.

급성장한 기업이 「여전히 벌고 있고, 더 벌려고 한다」고 해서, 수입이 늘고 이익이 늘어난다고 해서 자기회사의 실력이라고 생각하며, 그래프가 우측으로 올라가는 경향이 앞으로도 계속될 것이라고 잘못 생각할 수 있습니다. 이렇게 잘못 생각해서 사원을 대량 채용하거나 차입금을 늘려서 대규모 설비증강을 시도하기도 합니다.

그러나 그 반동은 수년 후 찾아오며 사원·종업원의 대량 감축이나 공장설비와 사옥 혹은 사업부문의 매각을 바쁘게 서두르지 않으면 안 되는 경우가 끊이지 않습니다.

사업의 윤곽이나 규모를 급속히 키우는 것은 안팎으로 많은 사람들을 고생시키는 것이 되며, 결과적으로 누구나 안심과 행복을 얻을 수 없습니다.

이것에 관해서 히로이케 치쿠로 박사는 다음과 같이 스스로 경계할 것을 촉구하고 있습니다.

"기업은 영구히 이익이 나오는 것은 아닙니다. 그래서 경영자는 이익이 나올 때 최악의 때를 예상하고 그것에 대비하여 이익을 축척해 두지 않으면 안 됩니다. 아주 어려운 때가 온다 해도 견딜 수 있도록 반드시 남은 힘을 저축해 두지 않으면 안 됩니다. 이에 대하여 성인도 '준비해두면 걱정 없다'라고 가르치고 있습니다."

"모든 것은 "반동의 법칙"이라는 것이 있습니다. 옛날 상인들은 반동이라는 것을 알지 못했습니다. 현재 좋은 결과가 있으면 금방 좋은 기분이 되어 점점 이기주의를 나타냅니다. 그러나 좋은 결과 다음에는 반드시 좋지 않은 때가 옵니다. 즉 대포를 쏘면 포탄은 앞으로 날라 가고 포신은 뒤로 물러나는 반동과 같습니다."

"학이 천년의 수명을 보전하는 것은 배속에 들어갈 양의 80% 정도를 먹기 때문입니다. 경영자는 급진적인 번영을 바라지 말고 힘에 맞게 점진적으로 나아가야 합니다."

인간은 성공하면 기분에 들떠서 반드시 자만심을 가지게 됩니다. 그래서 영속을 목표로 하는 경영자는 들뜬 생각이나 높은 자만심을 버리고 언제나「몸에 맞는 경영」과 「80% 정도 배를 채우는 경영」을 명심해야 합니다. 매출이나 이익의 규모를 추구하거나 성장의 스피드를 무리하게 추구하는 것은 경영의 목적이 아닙니다. 사업은 사람들을 행복하게 하고 보다 좋은 국가사회를 만들기 위한 수단입니다. 그 실현을 위해서 경영자는 기업의 몸집 키우기 일변도 보다 기업의 좋은 체질 만들기를 목표로 하지 않으면 안 됩니다.

나무는 매년 조금씩 자라서 연륜을 거듭해 가는 것 같이 성장을 목표로 하고 있습니다. 이것은 잭을 사용하여 아주 무거운 물건도 확실하게 끌어올리는 것처럼 자력(自力)으로 목적지에 도달하는 경영법을 취하는 것이라고 말할 수 있습니다.

5. 유좌 그릇(물이 가득 차면 엎어지도록 된 그릇)

공자가 노나라 환공(桓公)의 사당에 갔을 때 거기에 「유좌(宥坐) 그릇」이 있었습니다.(사진 참조) 환공은 항상 이 「유좌(宥坐)그릇」

을 자신의 근처에 두고 「지나침을 경계하는 마음가짐」을 가졌다고 합니다. 왜냐하면 이 유좌그릇은 비어 있을 때는 기울어 있는데, 이 유좌그릇에 물을 적당히 넣으면 수직이 되고 또한 물을 가득 넣으면 엎어지기 때문입니다. 이것을 보고 공자는 제자들에게 「가득차면 엎어지지 않는 사람은 없다」라고 가르쳤습니다.

  즉, 사업경영도 자신의 힘 이상의 사업, 또는 힘 있는 대로 사업하는 사람은 어떻게든지 무리하기 때문에 건강상 가정상 사회생활 등 여러 가지 면에서 문제가 일어납니다.

  또한 사회적 지위나 명예, 재산, 권력 등 취득에도 순풍만선처럼 가득차면 교만하게 되고 그런 중에 발랑 엎어져 애써서 얻은 모든 것을 모두 잃어버리고 마는 것이 되지 않을 수 없습니다.

이와 같이 유좌그릇은 인생의 모든 것에 있어서 무리하거나 가득 차게 가지는 것을 경계하며, 중용(中庸)의 덕, 겸양(謙讓)의 덕이 중요하다는 것을 가르치고 있습니다.

경영자는 모든 일에 있어서 실력 이상 무리하지 말고 자연의 법칙을 지키며, 그 범위에서 자조자립의 정신으로 노력하지 않으면 안 됩니다. 이것이 기업을 영속하게 하는 왕도(王道)입니다.

즉, 빌린 돈에 의한 것이 아니고 자기 자신의 품성과 실력에 의해 스스로 일어서고 모든 것을 자기 책임 하에 경영해 가는 것입니다. 「자신의 전력을 다해 노력한 후 결과는 자연법칙에 맡긴다.」라는 것이 아니고 「자연법칙에 따라 성실히 자신의 전력을 다해 노력한다.」라는 정신을 가지는 것이야말로 진정한 안심을 얻을 수 있는 것입니다.

6. 역경(逆境)에 감사하는 경영

좋은 회사란 어떤 회사인가? 그 조건을 생각해보면, ①고객 기준으로 사원과 종업원은 물심양면으로 행복을 추구하고 ②경영자와 사원이 하나가 되어 일에 대한 의욕이 가득하며 ③지역사회의 환경에도 정성을 다하는 회사 등 몇 가지의 이미지가 떠오릅니다.

그렇다면 이겨서 남는 강한 회사란 어떤 회사인가? 그 조건의 하나는 「변화에 대응할 수 있고 역경을 만나도 강한 회사」라고 할 수 있겠지요. 회사는 그 방면의 전문가들이 모여 최대의 부가가치를 생산하는 조직이며 팀워크로 가치의 최대 효과를 목표로 하는 곳입니다.

　이겨서 남는 강한 회사는, 경영자와 사원이 일심동체가 되어 우수한 상품, 서비스, 기술, 부가가치를 함께 「만들고」, 고객과 사회에 「연결하며」, 어떤 역경에도 「버티는」 마음자세를 가지고 있습니다. 「만드는 능력」「연결하는 능력」「버티는 능력」의 3개를 가진 회사가 좋은 회사이며, 강한 회사라는 공통점이 있습니다.

　일과 인생은 좋은 상태만 있는 것은 아닙니다. 자신의 생각대로 되지 않는 경우를 만나는 것이 비즈니스이고 인생입니다. 밖으로부터 다가오는 역경과 시련도 있고 자신이 뿌린 씨가 원인이 되어 역경이나 시련이라는 결과를 맞이하는 경우도 있습니다. 사람들은 전자를 운명이라 하며, 후자를 자업자득이라고 합니다.

　큰 자연재해나 인재에 말려들거나 곤란한 병, 가까운 사람들의 죽음, 사업의 실패 등은, 정직하고 참되게 노력하면 할수록 도리에 맞지 않는 운명처럼 생각되어 받아드리기 어려운 것입니다. 그러나 이런 현실과 곤란을 하늘이 준 「은총의 시련」으로 용기를 가지고 받아드려 보지만 하늘은 그런 사람이 견딜 수 있을 만큼의 시련만 준다고 말합니다.

　역경은 일이나 인생을 다시 일어날 수 없도록 타격을 주는 것으로 끝난다고 할 수 없습니다. 또한 「역경 보다 좋은 교육은 없다」「역경은 자기를 연마하는 하늘이 부여한 기회」라고 말하는 것처럼, 어떠한 곤경에 놓여 있어도 그것에서 전향적이고 긍정적인 의미를 찾을 수가 있다면 견뎌낼 수 있는 것입니다. 자신에게 닥쳐오는 모든 일들을 겸허하게 받아드리는 마음가짐이 그릇을 크게 하여 스스로 높이는 것입니다.

　매출이 생각보다 순조롭게 진행되며, 예상 보다 이익이 있을 때, 다른 사람에게 감사의 마음으로 「덕분에」라는 말이 자연스럽게 나올 수 있습니다. 그런데 우리는 대부분 「덕분에」라는 말을 자신의 형편이 좋을 때만 사용하고 있습니다.

　그러나 형편이 좋지 않을 때도 「덕분에」, 병이 났을 때도 「덕분에」, 불황으로 고생할 때도 「덕분에」인 것입니다. 왜냐하면 병이 난 덕분에 건강의 고마움과 남이 병으로 고생하는 것을 이해할 수 있게 되었기 때문입니다.

　또한 불황으로 여러 가지 고생한 덕분에 많은 사람들에 의해서 지탱해 온 것을 알게 되며, 평소 자신의 마음 쓰임을 반성할 수 있는 것입니다. 나아가 자신의 잠재능력을 재발견하여 새롭게 성장할 수 있는 귀중한 기회가 될 수 있는 것입니다.

　이와 같이 순조로운 환경(順境)과 역경(逆境)도 「덕분에」라고 감사하는 사람은 기쁨이 많은 인생을 열 수 있게 되겠습니다. 그리고 핀치는 찬스입니다. 처음은 도망가고 싶은 역경이라도 그것이 자신을 높여주는 시련이라고 받아들이면, 곤란에 직면했을 때 찬스를 잡는다는 적극적인 삶의 방법으로 행하고 싶어지는 것입니다. 위대한 경영자들은 모두 역경이나 시련을 플러스 발상으로 받아들여서 자신의 찬스로 바꿔 온 것입니다.

7. 사업(事業)승계는 덕(德)의 계승

경영자 한 사람의 인생은 한 번 밖에 없으며, 주도한 사업과 고생 끝에 개발한 기술도 시대가 변하면 언젠가 못쓰게 된다고 생각해보면 경영에 완성이라는 말은 없는 것입니다.

에도시대(江戶時代 1603-1868)부터 계속해 온 오래된 기업의 가훈에는, 「경영자는 선조(先祖)의 사용인이 되어 일하라. 회사는 자신 것이 아니고 선조가 만든 회사의 경영자라 해도 겨우 1세대를 지배하는 역할을 맡게 된 릴레이 런너(중간 주자)에 지나지 않는다. 그러므로 자신은 사용인이 되었다고 생각하고 일하며, 회사를 배턴터치 할 역할을 책임져라.」라고 말한 것이 사업승계의 마음가짐으로 설명되고 있습니다.

그 사업이 선조의 것인지 아닌지는 상관없이 「기업이라는 것을 개인의 물건(사물화)으로 하지 말고, 사회의 공기(公器 : 공적인 도구)로서 다음세대에 계승한다」라는 관점이 중요합니다.

이와 같이 경영자에게는 궁극적인 임무가 있습니다. 그것은 기업의 미래를 담당할 후계자를 육성하여 사업을 계승해 가는 것입니다. 후계자 육성은 기업에 있어 「세대에 걸친(누대=累代) 교육」이 되며, 그 본질은「덕(德)의 계승」이 됩니다. 그것을 확실하게 실현하기 위해서 후계자나 차세대에 계승할 내용과 순서가 틀려서는 안 됩니다. 그것은 ①정신 ②인재 ③자산이 됩니다.

일본에는 다음 세대 인재육성의 모범이 되는 이세신궁(伊勢神宮)의 식년천궁(式年遷宮)이 있습니다. 이것은 20년에 한번씩 신사(神社)를 재건축하여 신(神)을 옮겨 모시는 세계적으로도 그 유례를 찾아볼 수 없는 제전입니다. 그 역사는 1300년 전 텐무텐노(天武天皇) 시대부터 전해져 내려오고 있습니다. 또한 숙련자와 젊은이가 하나가 되어 정신과 기술과 기능을 충실히 전승하는 것입니다. 즉, 신사가 부서져서 새로 짓는 것이 아닙니다. 신사가 잘 지어져 있어도 다음 세대에게 정신과 모양(形)을 계승시키기 위하여 20년마다 재건축한 것인데 이것이야말로 조상들의 예지(叡智)라고 하겠습니다.

경영이란 창업기, 성장기, 성숙기, 쇠퇴기, 재생기 등 기업의 라이프 사이클을 이어가는 기나긴 릴레이입니다. 창업자는 기업의 원리원칙을 확립하고 후계경영자는 경영이념을 현대적으로 다시 해석하며, 사업의 방법이나 내용을 다시 보고 물어가면서 다음 주자에게 배턴을 건네주는 것입니다.

선대로부터 배턴을 받은 후계자에게 요구되는 것은 자조와 자립의 정신으로 일을 해나가는 것입니다. 또한 창업자 정신으로 되돌아가는 것도 필요합니다. 왜냐하면 창업자 정신은 세대교대나 기업규모의 확대에 따라서 망하거나 약해져 가는 성질이 있기 때문입니다.

영속을 목표로 하는 경영이란 배턴을 계속 받아 각 세대의 경영자가 덕(德)이라는 영속의 씨앗을 얼마나 뿌릴 수 있는가를 서로 경쟁하는 것입니다. 다시 말하면 「역사를 만드는 경영」입니다. 굵고 짧아서는 안 되고 가늘고 길어서도 안 됩니다. 자자손손에 이르기까지 각 세대가 영속을 기초로 하여 후계자를 비롯해 다음세대를 육성하며, 덕(德)을 계승하는 회사만이 살아남으며 끝없이 발전할 수 있는 것입니다.

덕(德)이란 과거 여러 세대에 걸쳐 전해진 도덕적인 정신작용과 행위의 누적된 결과로서 틀이 만들어진 것이며, 인간의 여러 가지 힘을 제대로 살리기 위한 근원적인 힘입니다. 또한 기업의 역사를 만드는 원동력이라고 할 수 있습니다.

역사를 만드는 과정에서 여러 가지 시련과 위기가 오기도 하겠지요. 그러나 「도중에 위기가 있어도 최후에는 반드시 이긴다」라는 정신으로 걸어가야겠지요.

히로이케 치쿠로 박사는 다음과 같이 말합니다.

"인생은 일시적인 돌파로 진정한 성공은 어려운 것입니다. 영구불변의 지성과 자비의 마음을 바탕으로 끊임없이 조용하고 평화롭고 저력 있는 행진이 없어서는 안 됩니다. 이것이 위대한 최고도덕을 훈련하지 않으면 안되는 이유입니다."

제5장

현대의 중소기업

"대세(大勢)에는 좋은 것과 나쁜 것이 있으며
선(善)을 쌓아 덕(德)을 자손에게 남기는 부모 또는 선조는 아주 적다."

1. 기업은 환경적응 '업'(環境適應 '業')

경제의 글로벌화가 멈추지 않는 현재 어느 기업도 환경에 신속하고 정확하게 적응해야 할 것은 크게 요구되고 있습니다. 만약 적응을 게을리 한다든지, 잘못한다든지, 혹은 늦는다든지 하면 어떠한 오래된 기업도 용서 없이 시장으로부터 사라지지 않을 수 없는 것이 현실입니다. 비교적 튼튼한 자금을 가지고 사회적 신용을 얻고 있는 것이 오래된 기업입니다. 또한 그런 기업까지도 적응을 잘 못하면 살아남아 있을 수 없는 것입니다. 오늘날 중소기업을 둘러싸고 있는 환경은 그 정도로 어렵다고 말 할 수 있습니다.

그렇기 때문에 「기업이란 환경 적응 '업'입니다」라는 생각을 진지하게 받아드리지 않을 수 없습니다. 그러나 환경에 순응하고 적응하는 것 자체가 좋은 것이고 올바른 것이라고 딱 잘라 말할 수는 없습니다.

히로이케 치쿠로 박사는 1922년 어느 강연에서 다음과 같이 말하였습니다.

"대세(大勢)는 선한 것과 악한 것이 있으며. 대세에 역행하는 것 또는 순응하는 것은 망하고. 순응하면서 진리를 지키는 것은 남는다. 대세에만 매달리는 사람은 속인(俗人)이 되며. 대세의 밖에서 진리에 마음을 쓰는 사람은 위인(偉人)이 되고. 대세의 와중에 있으나 스스로 높다고 하는 사람은 비천(卑賤)한 사람이 된다."

원래 세상이 돌아가는 대세 그 자체에 선악은 없지만 대세가 인간에게 좋은 영향이나 나쁜 영향을 가져다 주는 것입니다.

예를 들면 오늘날 지나친 주주존중, 남의 자금을 빌려서 자신의 이익을 높이는 레버레이지(leverage) 경영, 단기업적 중시주의 등 악영향을 사회와 기업과 사람에게 주고 있다고 도경일체의 경영에서는 생각하고 있습니다. 이렇게 말한다고 그것이 대세에 역행하면 회사는 존속할 수 없습니다. 순응하면서 도경일체 경영의 본질을 지키는 기업이 살아남는 것입니다.

환경은 언제나 변합니다. 그러기에 환경의 변화를 보지 못하거나 잘못 보거나 하는 일이 자주 일어납니다. 그래서 경영자는 언제나 「벌레의 눈」「새의 눈」「물고기의 눈」이라는 3개의 관점을 가지기 바랍니다.

「벌레의 눈」이란 눈 앞의 미세한 현실을 볼 수 있는 능력을 말합니다. 「3 현실주의」라고 말하는 것처럼 현장(現場)·현물(現物)·현실(現實)의 3개 관점을 직시하는 능력은 어떤 기업에도 강하게 요구됩니다. 「신(神)은 세부(細部)에 머문다」라고 말한 것처럼 미세한 부분까지 못 보는 성공은 있을 수 없습니다.

또한 「새의 눈」이란 전체를 들여다 것입니다. 위에서 내려다보는 것처럼 전체를 들여다보는 것도 미세한 세부를 보는 것과 똑같이 중요합니다. 더구나 시류가 심하게 변화하는 현재는 「물고기의 눈」이 점점 중요하게 되고 있습니다. 이것은 물고기처럼 강물의 흐름이나 바다의 밀물과 썰물의 흐름을 민감하게 알고 거기에 적응하는 방법을 찾는 것입니다. 즉, 환경의 시간적 변화를 깊이 날카롭게 재빨리 꿰뚫어 보는 능력입니다. 또한 심하게 변화하는 환경에 순응하고 적응한다는 것은 경영자의 사명과 역할을 배에 비유하면 「배의 키를 잡고, 키를 지킨다」라고 말 할 수 있습니다. 경영이념을 지키면서 거친 파도처럼 몰려오는 안팎의 환경변화에 적절하게 대응하는 부동(不動)의 신념과 동시에 유연한 발상이 요구됩니다. 이때야 말로 품성자본이 나설 차례입니다. 「만드는 능력」 「연결하는 능력」 「버티는 능력」을 총 동원하여 경영의 목적을 달성하지 않으면 안 됩니다.

여기서 환경에는 외적인 것과 내적인 것 2가지가 있다는 것에 주의해야 합니다. 외적 환경변화는 알아보기 쉽지만, 내적인 환경 즉, 사내환경이나 특히 경영자 자신의 마음 변화는 알기 힘든 것이 인간의 일반적인 현상입니다.

중소기업은 가족기업(패밀리 비즈니스)이 많기 때문에 경영자 자신이 자기의 심리적·신체적인 변화를 알아차리는 것이 특히 중요합니다. 누구도 냉정한 제삼자의 시점으로 체크해주지 않기 때문입니다.

성공을 급하게 서둘러 확대하며, 급성장하려고 무리하게 경영하고 있지 않는지 나이가 많아지면서 너무 보수적이 되고 남의 의견에 귀 기울이지 않는 것 같이 되어있지 않나. 충고해 줄 사람이 주위에 있지 않게 되고 발가벗은 임금이 되어있는 것은 아닐까 등, 가족기업의 경영자는 엄한 자기 관리능력이 요구됩니다.

나이 드는 것, 과거의 성공체험, 자기회사에 지나친 애착심, 이 3가지는 가족기업 경영자가 더욱 경계하지 않으면 안 될 점이라고 할 수 있습니다.

2. 개성화·차별화를 목표로 하는 경영

　1991년부터 1993년 사이에 버블경제가 붕괴된 후, 일본은 장기간에 걸쳐 경제적 정체기에 들어갔습니다. 이것을 「잃어버린 10년」혹은 「잃어버린 20년」이라 합니다. 그 심한 변화를 「2·6·2에서 2·2·6로」라고 말하는 사람도 있습니다.

　각각 3가지씩 나란히 있는 숫자 중에 첫째 숫자는 정량적인 경상흑자를 내고 있는 기업 수입니다. 가운데 숫자는 경기가 좋거나 나쁨에 따라 흑자를 내거나 적자를 내는 기업 수입니다. 마지막 세 번째 숫자는 적자를 내는 기업 수를 의미합니다.

　즉, 고도 성장기에는 정상적으로 흑자를 내고 있는 기업은 전체의 20%입니다. 그것은 그 이후 정체기에도 같습니다. 그러나 「때로는 흑자, 때로는 적자」라는 중간층이 고도 성장기에는 60%였던 것이 그 이후 크게 줄어들어 지금은 20%가 되어있습니다. 그리고 적자인 기업수가 20%였는데, 60%로 크게 증가하고 있는 것입니다. 중간층이 엷어지고 흑자기업과 적자기업 둘로 나누어졌기에 이것을 「양극화」라고 부를 수 있습니다. 「양극화」라고 말해도 적자기업의 수가 훨씬 많습니다.

　적자기업이 장기간에 걸쳐 살아남는 것은 있을 수 없습니다. 이것은 현대의 중소기업에서 살아가는 길이 상당히 어렵다는 것을 나타내고 있다고 할 수 있습니다. 또한 현재 일본은 종래의 방법으로는 통하지 않는 대변혁 시대가 되어있다는 것을 여실히 나타내고 있다고 할 수 있습니다.

　이러한 대변화가 무엇에 의해 일어났는가는 여러 가지로 논해져 있는 대로입니다. 즉, IT혁명의 진전, 이것과 함께 정보의 대폭발, 글로벌 경제의 본격화, 물류혁명 등등 복잡한 영향이 얽혀서 일어난 현상입니다. 그리고 이 흐름은 앞으로 점점 진전해가는 조짐이 짙습니다. 이와 같은 말은, 중소기업을 둘러싸고 있는 환경이 점점 어려워진다는 것을 각오하지 않으면 안 된다는 것을 알게 하는 현실이라 하겠습니다.

　이와 같은 어려운 환경 속에서 중소기업이 살아남으며, 더욱 발전해가는 길은 어디에 있을까요? 그 중요한 열쇠는 「독자성 발휘」 「개성화」 혹은 「차별화」라는 말이 있습니다. 즉, 남과 같이 하고 있어서는 살아가는 것조차 곤란한 시대가 되어있는 것입니다.

　특히 중소기업은 대기업과 같은 것을 해서는 안 됩니다. 대기업은 양, 여러 가지 상품계획, 가격으로 승부를 하지만, 중소기업은 대기업과 같은 것을 해서는 승부가 되지 않습니다. 중소기업은 양보다 질을 중요하게 여기고 가격경쟁은 가능한 피하는 길을 선택해야합니다.

　「코끼리 전략과 벌레의 전략」이라고 보는 견해가 있습니다. 코끼리는 진화의 과정에서 자기의 몸을 크게 함으로서 생존경쟁에서 이겨왔습니다. 그러나 현재 남아 있는 것은 아시아 코끼리와 아프리카 코끼리 두 가지 종류뿐입니다.

　한편 벌레는 몸을 작게 하여 살아남는 전략을 택했습니다. 코끼리와 벌레의 수는 종수만 봐도 1대 50만입니다. 또한 개체의 수를 보면 1대 수천억 또는 수조로 추정합니다. 현재 중소기업은 이 숫자와 비율을 무겁게 받아드려 「벌레의 전략」을 취해야 합니다. 바꿔 말하면 중소기업은 자신과 자기 회사가 가지고 있는 개성, 특성, 경력 등을 중요시 함으로써 「독자성」을 보이게 되며, 그것을 철저히 추구하는 것이 좋은 방법이 되는 것입니다.

현재 세계 인구는 약 70억이 넘는다고 추정하고 있습니다. 그렇게 많은 인구가 있어도 한 사람 한 사람은 모두 다릅니다. 그것처럼 중소기업은 모두 달라 개성, 특성, 특수성을 발휘해 살아갈 길을 구해야만 되는 것입니다. 또한 그렇게 하지 않으면 안 되는 환경 속에 있는 것입니다.

3. 비즈니스 모델을 연마하는 경영

비즈니스 모델이란 그 기업의 활동형태의 특징인 조직이나 노하우를 합친 것입니다. 기업은 이익을 올리지 않으면 존속할 수 없기 때문에 「비지니스 모델이란 돈 버는 조직」이라고 단적으로 말하는 사람도 있습니다. 중소기업은 독자적인 비즈니스 모델을 만드는 것이 크게 요구되고 있습니다.

현대는 너무나 경쟁이 심해서 동업자와 같거나 특징이 모자라면 살아남을 수 없는 시대가 되어있습니다. 즉, 개성화나 차별화는 필수이며, 이것을 추구하고 특정의 강점을 살리는 가치기준을 선택한 결과 독자적인 비즈니스 모델이 태어나는 것이라고 할 수 있습니다. 비즈니스 모델은 객관적인 분석과 합리적인 의사결정만으로는 태어나지 않습니다. 경쟁이 심하면 심할수록 경쟁 상대와 다른 것을 내세워야만 합니다.

새로운 비즈니스모델을 만들 때 유의해야 하는 점을 몇 가지 말하겠습니다.

제1은, 「선택과 집중」이 필요합니다. 이 「선택과 집중」을 잘 못하면 큰 손실을 낳으며, 경우에 따라서는 망할 수도 있습니다. 그래서 「선택과 집중」 이외는 살아남을 방법이 없습니다. 이것저것 다 중요하다고 하면 개성이 없는 기업으로 끝납니다. 무언가를 버리지 않으면 개성화·차별화는 추진할 수 없습니다. 버리지 않으면 버려지고 맙니다.

제2는, 모방하기 어려운 비즈니스 모델이 되어야 합니다. 오늘날 정보화 사회에서는 동업자끼리 늘 보거나 보이거나 하고 있습니다. 고생 끝에 만들어 낸 비즈니스 모델이 간단히 모방되어서는 안 됩니다. 경영자원이 모자라는 중소기업의 비즈니스 모델은 타 회사가 모방하기 어려운 것이 중요합니다.

제3은, 「코부(혹) 만들기」에 의한 비즈니스 모델 만들기입니다. 기업이 새로운 것을 만들어 낼 때는 자신과 자기 회사가 현재 가지고 있는 자원을 이용할 수 있는 것처럼, 「코부(혹)」처럼 인접 분야에서 활로를 알아내지 않으면 안 됩니다. 구체적으로는 고객이나 시장은 같지만 파는 상품이 다르든가, 반대로 상품은 같지만 고객이나 시장이 다르든가 등입니다.

* 코부(혹)란 낙타의 등에 붙어 있는 2개의 혹이 서로 인접해 있는 것을 비유한 말로서, 본업과 다른 분야가 아니라 본업과 관련된 분야에서 활로를 뚫어야 된다는 것을 말합니다.

제4는, 고객의 잠재적 니즈에 주의를 해야 합니다. 고객의 생생

한 말, 즉 현재의 니즈가 많은 경우, 새로운 비즈니스 모델을 만들어내는 근원은 되지 않습니다. 고객자신이 고정관념에 사로잡혀있기 때문입니다. 이러한 잠재적 니즈의 발견은 「만드는 능력」이 크게 요구됩니다. 「만드는 능력」이야말로 현재까지 없던 새로운 시장을 열고 새로운 고객을 개척하게 되는 것입니다.

그런데, 충실한 노력 끝에 비즈니스 모델 만들기에 성공해도 그것이 장기간에 걸쳐 유지되고 지속되지 않으면 기업의 영속은 있을 수 없습니다. 그러나 비즈니스 모델이란 무너지기 쉽고 효과가 사라지기 쉬운 것입니다. 즉, 어떤 비즈니스 모델도 수명이 있음을 잊어서는 안 됩니다. 항상 연마하고 개선과 개혁을 해야 합니다. 그것을 게을리 하면 어느새 처음과 「비슷하나 같지 않은 것」이 되어버려 고객으로부터 버림받게 되는 것입니다.

4. 투명성을 확보하는 경영

투명성의 실현은 규모의 크고 작음에 관계없이 현대기업에 공통적으로 요구되는 것입니다. 이 점은 현대의 도덕적 특징이라 할 수 있습니다. 그것은 기간이 경과함에 따라 기업의 능력이 커지고 스테이크홀더 전체에 넓고 심각한 영향을 주게 되었기 때문입니다. 이것은 기업 규모의 크고 작음과 관계없습니다. 왜냐하면 개인이 경영하는 기업이 움직이는 돈도 소비자 개인이 움직이는 돈의 수십 배, 수백 배 이상 되기 때문입니다.

도경일체의 경영은 특히 자기회사의 사원에 대한 경영정보의 투명성 실현을 중시합니다. 즉, 재무정보를 사원에게 공개하여 협력을 구하는 경영수법입니다. 사원이란 스테이크홀더 가운데서 경영자와 가장 가까운 입장에 있어서 경영자와 이해(利害)나 운명을 함께 하는 부분이 크기 때문입니다. 이것은 또한「인간성 중시」란 의미에서도 중요합니다. 인간은 주체적으로 판단하고 행동하는 것을 바랍니다. 그래서 필요한 정보를 알고 싶다고 생각합니다.

이렇게 사원에게 경영정보를 투명하게 하는 것은 인재육성에 필수 불가결한 요소가 됩니다. 이것은 또한 경영자와 사원의「연결하는 힘」을 강하게 하는 것과 관계가 있습니다.

투명성에는 3가지의 요소가 있습니다. 제1은, 정보공개(disclosure)입니다. 정보를 진실하게 있는 그대로 널리 공개하는 것입니다. 이것 없이 투명성이 있을 수 없다는 것은 말할 필요가 없습니다.

제2는, 회계관리 책임(accountability)이며, 이것은 정보를 공개하는 상대가 내용을 바르고 부족함이 없이 이해할 수 있도록 설명하는 것입니다. 디스클로저에 의해 정보가 공개되어도 내용이 이해가 안 되면 의미가 없습니다. 공개된 내용은 이해가 제대로 될 수 있도록 설명할 필요가 있습니다.

제3은, 시기(timing)에 관한 것입니다. 얼마나 정보를 공개하고 설명했다 하더라도 그 시기가 늦어지면 아무런 의미가 없습니다. 적시에 공개하는 적절한 타이밍이 중요합니다.

또한 어카운터빌리티의 효과를 높이기 위해서는 사원의 정보처리 능력을 높여 두어야 합니다. 경우에 따라서는 기초적인 교육도 필요합니다.

예를 들어 회사의 실적이 악화되어 모든 것을 단념해야 하는 대책이 필요하다면, 사원에게 실태를 알리고 협력을 구하려고 디스클로저를 해보지만, 재무정보를 제대로 볼 줄 아는 사원이 없어서 충분한 이해를 얻을 수 없는 경우가 있습니다. 또한 사원이 과도하게 동요하거나 소문과 유언비어가 떠돌아 오히려 역효과가 있기도 합니다. 재무제표는 기초지식이 없으면 이해가 잘 안됩니다. 바르게 이해시키려면 평소부터 사원에게 자세하고 주도 면밀한 교육이 필요합니다.

투명성 실현에는 그 밖에도 여러 가지 면에서 효과를 기대할 수 있습니다. 이를테면 내부고발대책으로 아주 효과적입니다. 기업내부의 투명성이 충분히 되어있다면 처음부터 고발은 일어나지 않습니다. 감추고 있기 때문에 고발하려는 행위가 일어나는 것입니다.

또한 「자율의 경영」도 효과적입니다. 누구에게든지 보일 수 있도록 경영하는 것은 자기에게 좋지 않은 것들도 감추지 않고 공개하는 자율의 마음이 전제가 됩니다. 자율경영이 될 수 있다면 경리업무를 비롯해 사원의 부정방지책도 되며, 큰 효과를 발휘합니다. 누구에게도 보일 수 있는 경리업무를 하고 있다면 금전적인 부정을 할 여지가 없어지는 것은 당연한 일입니다.

이와 같이 투명성 실현은 불상사의 발생을 미연에 막는 대책으로 그야말로 유효합니다.

5. 특정 고객·특정 구입처·특정 상품에 과도하게 의존하지 않는다.

「선택과 집중」이 현대의 중소기업에 있어서 중요한 키워드가 되는 것을 이 책에서 거듭 말해 왔습니다. 그러나 「선택과 집중」은 무엇에도 함부로 해야 되는 것은 아닙니다. 이「선택과 집중」은 경영의 효율 향상을 위해 필요하지만, 주의하지 않으면 안 되는 점이 몇 가지 있습니다.

우선, 특정 고객에게 매상을 집중시키는 것에 관해서입니다. 극히 소수의 특정 고객에게 과도하게 의존하는 것이 위험하다는 것은 말할 필요도 없습니다.

현대는 세계적 규모로 나아가는 길이 불투명하며, 또한 해가 갈수록 변화의 속도가 빨라지고 있습니다. 그렇기 때문에 세계적 규모의 대기업조차 좋은 실적을 계속 올리는 것이 어렵게 되고 있습니다. 도산하거나 청산하는 것 같은 사태가 되지 않아도 고객이 다른 회사에 흡수·합병(M&A)되거나 관계하는 부문의 운영이 크게 변경되는 등 불확실성과 위험성은 언제나 있습니다. 일단 그렇게 되면 오랜 기간 거래해 온 거래가 갑자기 줄거나 경우에 따라서는 없어질 수도 있습니다.

극히 소수의 특정 고객에게 매출을 집중시키는 것은 하청 형태의 제조업에서 많이 볼 수 있습니다. 중소 제조업에서는 여러 회사는커녕 하나의 회사나 두개 회사에 매출의 대부분을 의존하는 것이 보통입니다. 고객을 쥐어짜는 것이 결과적으로 높은 효율을 낳기 때문입니다. 그러나 이것은 오늘날 매우 불안한 사업형태이며, 또한 극히 소수의 특정 고객에 대한 높은 의존도는 필연적으로 가격의 저하를 가져옵니다. 고객이 가격결정권의 대부분을 차지해 버리기 때문입니다. 이래서는 영속도 번영도 기대할 수 없습니다. 이와 같은 구조는 도경일체의 경영에서는 어떻게 해서라도 피해야만 됩니다.

제조하청업의 경우, 빠져나갈 길은 세 가지가 있습니다. 제1은, 자기회사의 브랜드(brand) 상품을 가져서 하청형태를 벗어나는 길입니다. 이것을 「자립형」이라고 말할 수 있겠습니다.

제2는, 자기 회사가 보유한 기술력과 특정 공정의 대응력을 소수의 고객이 아니고 다수의 고객에게 제공하는 것입니다. 이러한 형태는 고객과 대등한 관계에 가깝게 되기 때문에 「횡적(橫的)하청」이라 부릅니다.

제3은, 고객을 분산시키는 「고객 분산형」입니다. 이와 같이 현대의 중소제조업자는 소수의 특정고객에게 매출을 집중하는 것을 피해야 합니다.

또한 특정 소수고객에게 과도한 집중에 비한다면 심각함은 덜합니다만, 자기 회사가 구입하는 상품이나 서비스가 특정 구입처에 편중하는 것도 주의해야 합니다. 특히 그곳에서만 구입할 수밖에 없을 경우, 자기 회사의 운명이 그 구입처의 성쇠에 좌우되고 맙니다. 이래서는 자율경영도 자립경영도 이루어지지 않으며, 도경일체의 경영과는 조금 거리가 먼 것이 됩니다. 그 특정 구입처에서 구입할 수 없는 경우를 대비하여 대체 물건이나 대체 루트를 어떻게든 준비해 두어야 합니다.

특히 특정 상품의 판매에 편중하는 것도 피해야 합니다. 오늘날과 같이 격변하는 시대는 상품의 수명은 짧아서 어제까지 대량으로 팔리던 상품이 급속하게 팔리지 않는 사태는 빈번하게 일어나고 있습니다. 대세에 순응하는 경영이 망하는 것은 이 때문입니다. 영속성을 중시하는 도경일체의 경영에서는 이러한 일에 주의를 게을리

하지 않습니다.

중소기업에는 적극성이나 계획성이 부족한 경영자가 많이 보인다고 합니다. 「오늘 밥을 먹을 수 있다면 그것으로 좋아. 내일 일을 이것저것 걱정해봐야 끝이 없다」 등 안이한 경영방법은, 오늘날처럼 어려운 경영 환경에서는 통하지 않는다는 것을 확실히 구별해서 알아야 합니다.

6. 인사·노무관리는 기업의 도덕적 과제

인건비가 일본의 수 십분의 일이라는 발전도상국과 한 씨름판에서 경쟁하는 것 같은 것이 글로벌 경제의 현실입니다. 그 경쟁은 직접적이 아니더라도 일본의 중소기업은 이러한 어려운 상황을 견디고 이겨나가지 않는다면 생존도 발전도 할 수 없습니다. 또한 출산율의 저하와 고령화가 진행되는 인구 감소 사회에서는 전과 같은 호경기나 높은 성장률이 계속되는 확대국면은 거의 기대할 수 없습니다. 중소기업의 경영자는 이제부터라도 어려운 국면이 계속 된다는 각오를 가지지 않으면 안 됩니다.

기업을 둘러싸고 있는 어려움은 기업의 인사와 노동면에도 강한 영향을 미치고 있습니다. 특히 적절한 이익을 올리지 못하고 적자가 계속되고 있는 기업에서 사원의 피로감이나 긴장감은 증대할 뿐입니다. 그렇기 때문에 인사와 노무관리의 어려움도 매년 심각하게 증가하고 있습니다.

여러 기관이 조사한 「중소기업의 경영과제란?」이라는 물음에 대한 회답 가운데 제일 많은 것은, 언제나 「인재의 육성과 확보」입니다. 판매나 자금에 관한 것 보다 인재에 관한 걱정이 어느 조사에서도 최상위에 있는 것입니다. 이렇게 중요한 인재육성의 앞에 방해가 되는 벽이 몇 개 있습니다.

대표적인 예가, 우울병 같은 마음의 건강(mental health)문제입니다. 그 증상은 점점 다양화되고 무엇인가 대응을 필요로 하는 「멘탈 헬스 부전자(不全者)」 대책은 많은 기업에게 중요해지고 있습니다. 발견이 늦으면 치료에 긴 기간이 걸리는 것뿐만 아니라 직장에 복귀해도 전처럼 일할 수 없는 사람이 많습니다. 이것은 본인에게나 가족에게나 또한 기업에게도 불행한 일입니다.

그러나 왜 그런지 최근에 멘탈헬스 부전자(不全者)가 급증하는 이유는 명확하지 않습니다. 한 때는 장시간 노동이 주원인이라는 견해가 다수를 이루고 있었습니다. 그러나 최근에는 그것에 의문을 가지는 견해가 많이 나오고 있습니다. 어떻든 간에 노동환경의 어려움이 육체적인 것부터 지적 및 정신적인 것으로 급변한 것에 인간과 기업이 쫓아가지 못한 점도 밀접한 관계가 있는 것 같습니다. 현대의 중소기업은 사원수가 적어도 멘탈헬스 문제에 세심하게 주의하며 대책을 세워야만 합니다.

또한, 최근에는 각종 괴롭힘(harassment)이 인사나 노무에 큰 문제가 되고 있습니다. 그 종류는 여러 가지가 있습니다. 그러나 본인이 의도적으로 행한 것인가 아닌가에 상관없이 그 발언이나 행동에 의해 상대를 불쾌하게 하거나 존엄에 상처를 주거나 불이익을 주거나 위협을 주거나 하는 것을 가리킵니다.

남녀 간의 성적인 해러스먼트, 상사와 부하 사이의 파워 해러스먼트, 대학 등에서 볼 수 있는 아카데믹 해러스먼트 등등 그 어느 것도 모럴 해러스먼트이며, 도덕적 문제입니다. 이것들은 사람의 심리에 깊이 관련된 미묘한 문제이므로 그 대책은 어렵다고 말할 수 있습니다.

각종 해러스먼트의 발생을 방지하기 위해 여러 가지 법률이 정해져 왔습니다. 그러나 많은 중소기업에서는 그것을 해석하고 준수하기 위한 대책을 세우고 실제로 준수하는 것은 매우 어렵습니다. 그뿐만 아니라 그와 같은 법률이 있다는 것조차 알지 못하는 경영자도 많이 있습니다. 그것도 해가 갈수록 법률의 수는 늘고 복잡하고 다양화 되어 있습니다. 그 분야의 전문가조차 바르게 이해하기 곤란한 경우도 많이 볼 수 있습니다. 이것은 노동시간이나 급료에 관한 면에서도 같습니다.

「법령준수(compliance)」라고 한마디로 말합니다. 이와 같이 오늘날 중소기업에 있어서 완전한 법령준수가 점점 어렵게 되어있습니다. 경영자는 이러한 현실을 확실히 파악하고 각종 전문가의 협력을 받으면서 법령준수를 다해야 합니다. 즉, 인사와 노무의 문제란 대부분의 경우, 도덕적 문제이기도 합니다. 따라서 근본적인 해결을 위해서는 경영자 자신의 품성 향상이 있어야 한다는 것은 말할 필요도 없습니다. 경영자의 높은 품성이 밑바탕이 되어 만들어진 기업의 품성자본이 전제되어야 비로소 대책이 효과를 올리게 되는 것입니다.

7. 이제부터의 가족기업(패밀리 비즈니스)

일본만이 아니고, 유럽과 미국에서도, 또한 옛날도 현재도, 나아가 규모의 대소와 상관없이, 기업에는 많은 가족기업(패밀리 비즈니스)이 있습니다. 중소기업에 한정해서 보면 대부분 모두가 가족기업이라고 할 수 있습니다. 세계 속에서 일본은 영원히 계속하는 영속기업, 장수기업, 노포기업이 많으며 「장수기업 대국」이라고 해도 괜찮을 정도이며, 대부분 가족기업입니다.

그러나 최근에는 오랜 기간에 걸쳐 나쁜 상태를 벗어나지 못하고 있는 경제 환경과 격화되는 경쟁에 의해 지금까지 계속해 온 가족기업의 존속을 걱정하게 되었습니다. 그래서 가족기업의 경영자는 이때야말로 자기 회사를 날카롭게 들여다보고 과감하게 해결할 것을 각오를 해야 합니다.

왜? 기업이 백년 이상의 장수를 맞이할 수가 있었는가에 관해서는 여러 가지 이유를 들 수 있습니다. 예를 들면, 하나의 사업만을 일관되게 하였으며 부업이나 사이드 비즈니스를 하지 않은 것이 도움이 되었다든지, 중점사업을 지켜가면서 관련 사업을 다각화하는데 성공했다든지, 곤란한 시기에 유능한 경영자를 외부로부터 영입하여 기업재생에 성공했다든지 등 입니다. 이러한 요인은 어느 것이나 가족기업의 강점이 도움이 되었다고 볼 수 있습니다.

가족기업이 다른 기업에 비교하여 우수한 이유로 종종 들고 있는 것은, ①눈앞의 손익에 신경 쓰지 않고 장기적 지향점을 가지고 있는 점, ②신속한 의사결정에 의해 빠르고 영리한 경영이 가능하다는 점, ③경영자의 방침이 구석구석까지 침투되는 기업문화를 가지고 있다는 점, ④영속하기 위한 혁신에 대한 강한 생각이 차별화를 낳게 된다는 점, ⑤기업가치의 최대화와 기업의 영속이 경영목표로 되어있다는 점입니다.

이러한 이유는 일본에 국한되지 않고 유럽이나 미국에도 같습니다. 최근 유럽과 미국에서 가족기업에 관한 연구가 진행되어 이러한 공통점들이 널리 이해하게 되었습니다.

가족기업의 특징은, 「소유(ownership)」, 「가족(family)」, 「경영(business)」라는 3요소에 의한 구성을 들 수 있습니다. 최근 유럽과 미국에 보급되기 시작한 사고방식입니다. 또한 이것이 「3원(스리 서클)모델」로 알려져 있습니다.

첫 번째의 「소유」란, 주식 소유를 말합니다. 영원히 계속하는 가족기업에서는 대대로 전해오는 주식의 집중과 분산이 철저하게 관리되어 가족 이외의 사람들이 가진 주식비율이나 배당정책을 면밀하게 계획하고 실행합니다.

두 번째의 「가족」이란, 혈연관계의 친인척 사람들을 말합니다. 이 가족도 반드시 기업경영에 관련되거나 주식을 소유하고 있다고는 할 수 없습니다. 후계자의 육성이나 경영자의 교체에 깊이 관계하고 있습니다.

세 번째의 「경영」이란, 실제로 기업을 경영하는 것을 말합니다. 주식의 소유자가 반드시 경영자라고 할 수 없습니다. 여하튼 경쟁의 우위성을 유지하고 강화하면서 사업의 계속적 성장을 수행하는 역할을 담당합니다. 현대의 가족기업에는 이와 같은 3가지의 요소가 서로 함께 작동하여 통합적으로 이어지는 전략이 전개되고 있습니다.

3원(스리 서클)모델

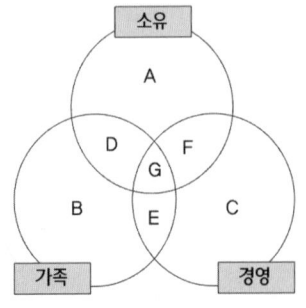

	소유	가족	경영
A	○	×	×
B	×	○	×
C	×	×	○
D	○	○	×
E	×	○	○
F	○	×	○
G	○	○	○

※예시 : 'A'는 주를 소유(○)하고, 가족(×)이 아니며, 경영(×)에 관련없음을 나타내고 있다.

「3원 모델」에서 볼 수 있는 것 같이 가족기업의 관계자는 최대 7종류(A~G)로 구분되며, 일반 기업의 경영자보다 복잡하게 되어있습니다. 그것도 세 개의 원이 중복되는 쪽은 매년 변화해 가고 있습니다. 관계자의 구분이 잘 된다면 그 가족기업의 우위성은 강해집니다. 그러나 이를테면 가족관계자가 개인의 이익 우선이나 공사혼동 및 가까운 친인척만 생각하거나 가족 간 다투는 등 위기관리가 약하다는 것이 드러나면 톱니바퀴가 반대로 돌아 우위성이 소멸하고 경쟁력을 잃게 됩니다. 가족기업을 영속시키기 위해서는 이 점에 늘 주의하지 않으면 안 됩니다.

가족기업의 운명은 결국, 그 집안 덕(德)의 분량과 한 사람 한 사람이 쌓은 덕의 분량에 의해 결정됩니다.

히로이케 치쿠로 박사는 다음과 같이 말하고 있습니다.

"가족, 집, 집터, 재산, 책 등을 남긴 부모 또는 조상은 세상에 많지만 선(善)을 쌓아 덕(德)을 자손에게 남긴 부모 또는 조상은 아주 적습니다."라고. 대(代)를 거듭해서 도덕을 실행하는 적선(積善)의 집안 만들기야 말로 가족기업의 진화가 이어지며, 지속적 성장과 영속의 근원이 되는 것임을 명심해야 하겠습니다."

德을 쌓는 경영
도경일체(道經一體)경영세미나

저　자 : 공익재단법인 모라로지연구소
역　자 : (사)한국도덕과학연구협회

발행일 : 2017년 8월 1일 발행
발행인 : 유정선
발행처 : 대양인텔리전스(주)
　　　　경기도 의왕시 이미로 40 인덕원 IT밸리 D동 905호
　　　　전화 (02) 706-3588　팩스 (02) 3273-0888
　　　　홈페이지 www.kmsr.org

편집·인쇄 : 도서출판 나루(등록 제2-3902, 2003.12.16.)

ISBN 978-89-966183-3-1